AF559513

DAS SUPER LABOR für Profis

Lektorat Amanda Wyatt, Steven Carton, Ben Morgan, Lisa Gillespie, Andrew Macintyre, Liz Wheeler, Jonathan Metcalf
Gestaltung und Bildredaktion Michelle Staples, Jacqui Swan, Sean T. Ross, Chrissy Barnard, Alex Lloyd, Gregory McCarthy, Mary Sandberg, Owen Peyton Jones, Sophia MTT, Rituraj Singh, Karen Self
Umschlaggestaltung Tanya Mehrotra, Surabhi Wadhwa-Gandhi, Emma Dawson, Saloni Singh, Priyanka Sharma, Rakesh Kumar
Herstellung Gill Reid, Meskerem Berhane
Illustrationen Gus Scott, Alex Lloyd, Sean T. Ross
Fotos Dave King
Text und Beratung Jack Challoner

Für die deutsche Ausgabe:
Programmleitung Monika Schlitzer
Redaktionsleitung Martina Glöde
Projektbetreuung Sebastian Twardokus
Herstellungsleitung Dorothee Whittaker
Herstellungskoordination Claudia Rode
Herstellung Stefanie Staat

Titel der englischen Originalausgabe:
Science Lab

Übersetzung Katja Roth
Lektorat Ulrike Goldstein

ISBN 978-3-8310-3816-9

Druck und Bindung Leo Paper Products, China

www.dorlingkindersley.de

Hinweis
Die Informationen und Ratschläge in diesem Buch sind von den Autoren und vom Verlag sorgfältig erwogen und geprüft, dennoch kann eine Garantie nicht übernommen werden.
Eine Haftung der Autoren bzw. des Verlags und seiner Beauftragten für Personen-, Sach- und Vermögensschäden ist ausgeschlossen.

Robert Winston

Mit Experimenten Natur und Technik verstehen

INHALT

WISSENSCHAFT
Unter diesem Symbol findest du spannende Fakten aus Biologie, Chemie oder Physik.

WERKZEUGE
Bei diesem Symbol wird der Umgang mit Werkzeugen oder Material genauer erklärt.

TECHNIK
Dieses Symbol weist auf interessante Fakten über Maschinen und Konstruktionen hin.

MATHEMATIK
Die Informationen unter diesem Symbol helfen dir, Formen, Formeln oder Maße besser zu verstehen.

VORWORT

Als ich 8 Jahre alt war, hatte ich einen Riesenspaß beim Bauen von Modellen. Ich erinnere mich noch gut an meine Begeisterung, wenn ein selbst gebautes Modell tatsächlich funktionierte. Ich baute Flugzeuge, Kräne, berühmte Gebäude und einmal eine Vorrichtung, mit der man Zettelchen durch den Klassenraum schicken konnte. Es dauerte ziemlich lange, bis unser Lehrer uns auf die Schliche kam. Nicht so erfolgreich war mein Versuch, einen Verstärker aus billigen Teilen zu konstruieren. Als ich ihn aufdrehte, hörte man ein lautes Brummen und dann füllte blauer Qualm unser Esszimmer.

Fast alle meine Modelle haben beim ersten Versuch nicht funktioniert. Aber das war nicht schlimm, denn Fehler sind dazu da, dass wir aus ihnen lernen.

Auch die besten Wissenschaftler machen Fehler. Entscheidend ist, sich ein Problem genau anzuschauen, um es zu verstehen. Nur so können wir unsere Experimente zum Laufen bringen.

Modelle sind für Wissenschaftler, Ingenieure und Architekten sehr wichtig. Niemand würde eine Brücke oder ein Stadion bauen, ohne vorher ein Modell anzufertigen. Am Modell zeigt sich, wie sich die Gesetze der Physik auswirken, welche mathematischen Berechnungen nötig sind und wo man etwas ändern muss. Selbst die einfachsten Experimente in diesem Buch zeigen, wie ein Modell beim Lösen praktischer Probleme hilft. Wie verhält sich z. B. Duftgel (Seite 74) bei niedrigen Temperaturen oder bei hoher Luftfeuchtigkeit?

Mit einem selbst hergestellten Raumduft kannst du es herausfinden.

Alle Projekte in diesem Buch lassen viel Platz für eigene Ideen. Beim Flaschenfloß (Seite 18) könnte man sich etwa noch coole Verbesserungen vorstellen, wie einen Antrieb durch Segel oder einen elektrischen Propeller. Als meine Tochter 8 Jahre alt war, habe ich mit ihr ein Windflügelboot für ein Schulprojekt gebaut. Es raste quer durch den Pool. Das fanden viele Kinder in der Klasse so toll, dass sie eigene Versionen davon gebaut haben.

Auch die Auswahl des richtigen Materials ist wichtig. Wissenschaftler berechnen, mit welchen Werkstoffen man bei Gebäuden die größte Stabilität oder ein geringeres Gewicht erreichen kann. Bei der Windkraftanlage (Seite 30) könntest du verschiedene Materialien für die Flügel testen, um herauszufinden, welches das beste ist. Mach dir Gedanken, arbeite sorgfältig und mit Köpfchen, dann werden deine Modelle bestimmt super funktionieren.

Ich wünsche dir viel Spaß beim Entdecken von Wissenschaft und Technik und hoffe, du findest das Bauen von Modellen und die Experimente, die man damit machen kann, genauso spannend wie ich.

Robert Winston.

ROBERT WINSTON

KRÄFTE UND BEWEGUNG

Kräfte wirken zwischen Körpern und sind nur an ihrer Auswirkung zu erkennen. Sie können Gegenstände in Bewegung setzen oder eine Bewegung bremsen und sie können Bewegungen beschleunigen oder verlangsamen. Die bekannteste Kraft ist die Schwerkraft: Auf der Erde bewirkt sie, dass alle Dinge nach unten fallen. In diesem Kapitel kämpfst du gegen die Schwerkraft, indem du einen Kran baust und einen Tischtennisball schweben lässt. Und du wirst die Kraft kennenlernen, die ein Boot über Wasser hält.

Die Papierspule ist die
Triebfeder des Autos.
Eine Achse hält
die beiden Räder
zusammen.
Die Räder wurden aus
Plastikflaschendeckeln
gebaut.

LAGEENERGIE (POTENZIELLE ENERGIE)

AUFZIEHBARES AUTO

Alte Uhrwerke wurden über Triebfedern in Bewegung gesetzt, die man regelmäßig aufziehen musste. Solange die Feder straff gespannt war, war so viel Energie gespeichert, dass die Uhr lief. Energie kann nicht erzeugt oder zerstört, aber sie kann übertragen werden. Wenn du das Auto aufziehst, wird die Energie in der Triebfeder gespeichert. Wenn du es loslässt wird die Energie freigesetzt und das Auto fährt los – WRRUMMM!

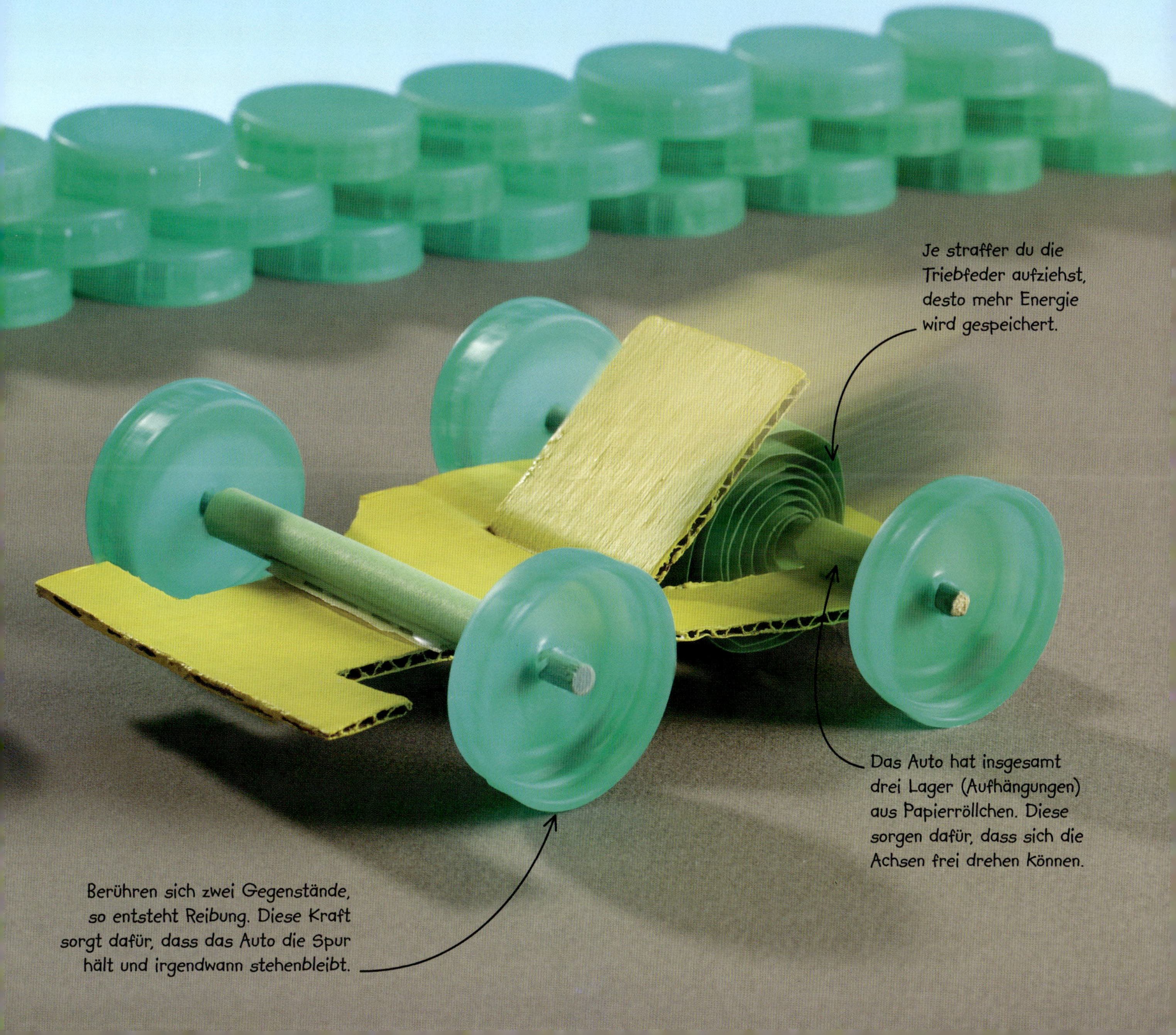

Je straffer du die Triebfeder aufziehst, desto mehr Energie wird gespeichert.

Das Auto hat insgesamt drei Lager (Aufhängungen) aus Papierröllchen. Diese sorgen dafür, dass sich die Achsen frei drehen können.

Berühren sich zwei Gegenstände, so entsteht Reibung. Diese Kraft sorgt dafür, dass das Auto die Spur hält und irgendwann stehenbleibt.

SO BAUST DU EIN
AUFZIEHBARES AUTO

Die Triebfeder des aufziehbaren Autos ist eine Papierspule. Jede Achse (Verbindung zwischen zwei Rädern) besteht aus einem Pflanzstab, ihre Aufhängungen (Röhren, die für freien Lauf der Achsen sorgen) bestehen aus Papier. Achsen und Aufhängungen werden durch das Fahrgestell (Fahrzeugrahmen) zusammengehalten.

DU BRAUCHST:

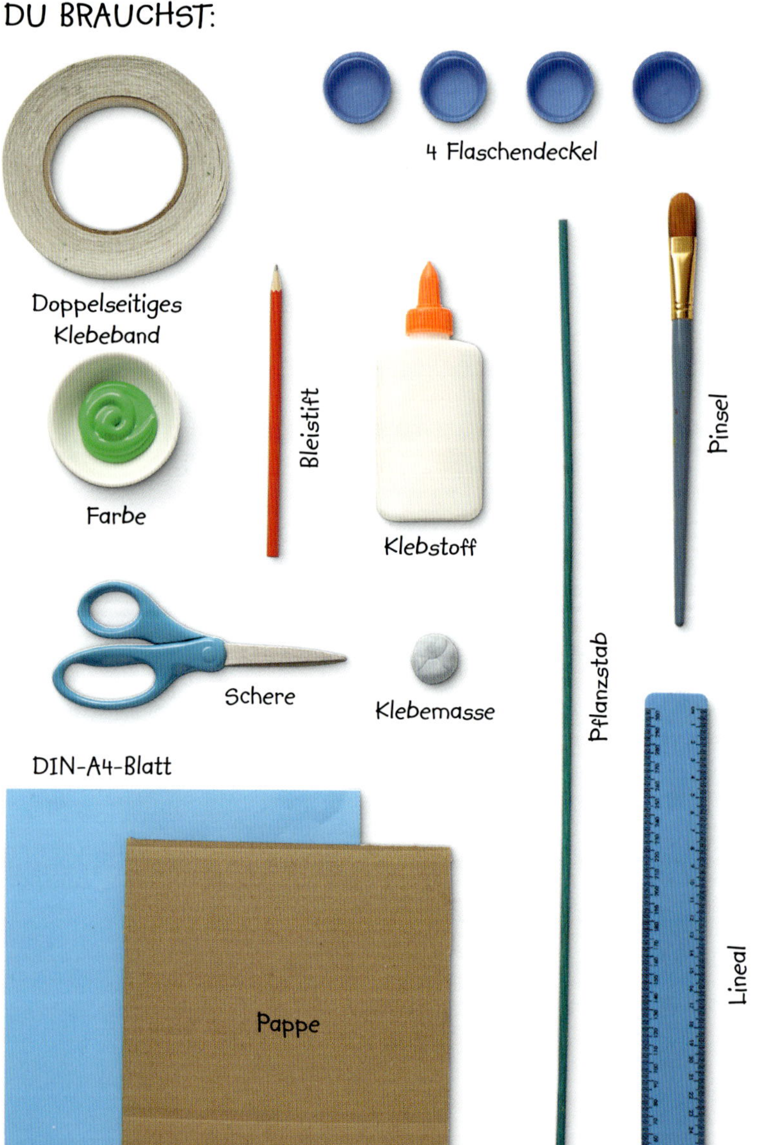

1 Zeichne mit Lineal und Bleistift ein 15 cm langes und 8 cm breites Rechteck auf die Pappe. Schneide das Rechteck mit der Schere aus.

2 Zeichne auf eine Seite zwei Punkte, je 2 cm von den Seitenrändern und dem rechten Rand entfernt. Verbinde die Punkte durch eine Linie.

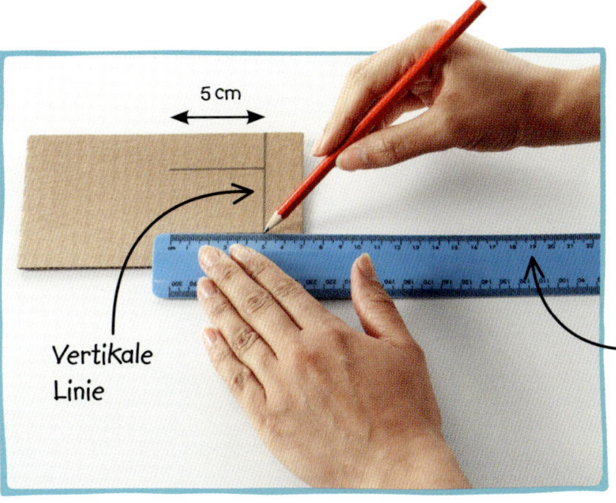

3 Zeichne von jedem der beiden Punkte im rechten Winkel zur Linie aus Schritt 2 eine 5 cm lange Linie.

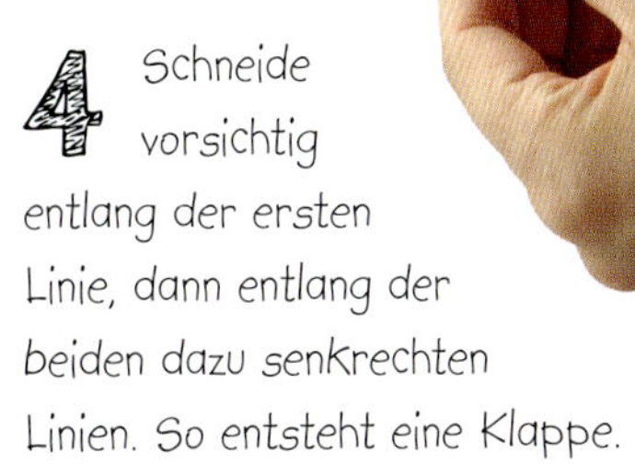

4 Schneide vorsichtig entlang der ersten Linie, dann entlang der beiden dazu senkrechten Linien. So entsteht eine Klappe.

5 Zeichne parallel zur ersten Linie zwei weitere Linien, und zwar im Abstand von 1 cm und 7 cm zum linken Rand des Fahrzeugrahmens.

6 Zeichne zwei Punkte im Abstand von je 2 cm zum jeweiligen Seitenrand. Ziehe von jedem Punkt aus eine gebogene Linie bis zur nächsten Linie. Schneide entlang der gebogenen Linien.

7 Male den Rahmen an. Wir haben Grün verwendet. Du kannst natürlich deine Lieblingsfarbe benutzen.

8 Zeichne zwei Linien im Abstand von 3 cm und 6 cm parallel zu einer Längskante des DIN-A4-Blatts.

Papier ist sehr vielseitig. Es wird aus einem Brei aus Holzfasern hergestellt.

9 Schneide entlang der zwei Linien. Die beiden Papierstreifen bilden später die Antriebsfeder.

10 Mit doppelseitigem Klebeband kannst du die beiden Streifen zu einem langen Streifen zusammenkleben.

Mit dem doppelseitigen Klebeband kannst du die obere Kante des Papiers festkleben.

Rolle das Papier nicht zu fest um den Stab, damit die Achse sich im Inneren später frei drehen kann.

11 Wickle das restliche Papier längs um den Pflanzstab und forme eine Röhre. Befestige das Ende mit einem Stück doppelseitigem Klebeband.

12 Zeichne, von einem Ende der Röhre aus gemessen, Linien in Abständen von 2, 4 und 12 cm. Diese Teile bilden später die Aufhängungen.

Aufgewickeltes Papier ist sehr fest.

13 Zerschneide die Röhre an den Markierungen. Du erhältst zwei 1 cm lange Stücke und ein 4 cm langes Stück. Den Rest der Röhre benötigst du nicht mehr.

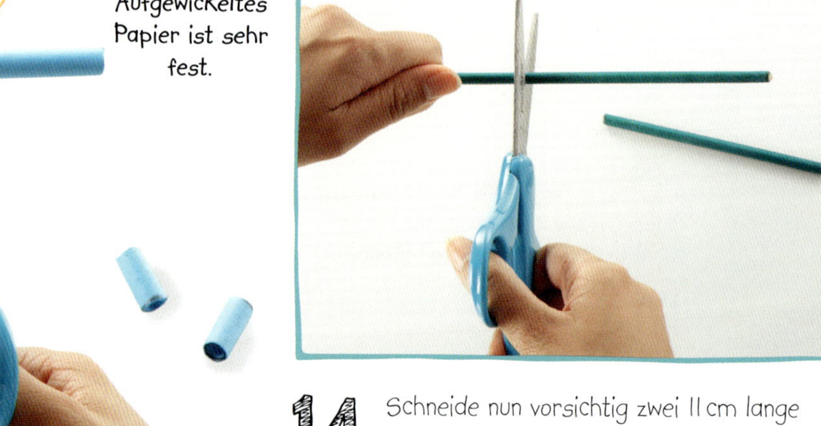

14 Schneide nun vorsichtig zwei 11 cm lange Stücke vom Pflanzstab ab. Du kannst auch einen Erwachsenen um Hilfe bitten. Diese Teile bilden später die Achsen des Autos.

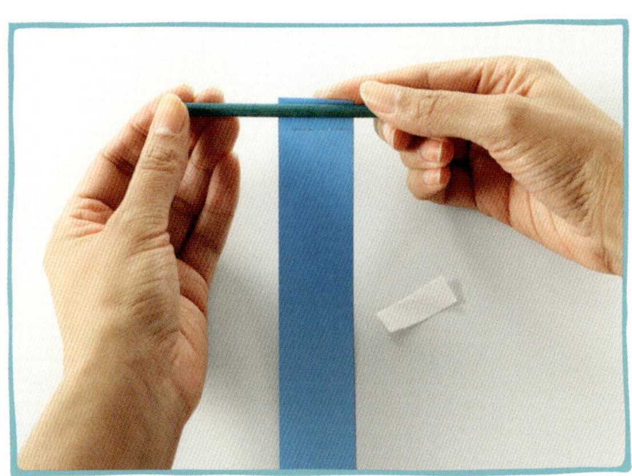

Die aufgewickelte Triebfeder speichert Energie.

15 Nimm einen der Pflanzstäbe (eine Achse deines Autos) und klebe ein Ende des langen Papierstreifens in der Mitte fest. Jetzt wickle das Papier um die Achse.

16 Drehe die Unterseite des Rahmens nach oben und schiebe die aufgewickelte Triebfeder durch die Klappe im Karton. Fixiere sie mit doppelseitigem Klebeband.

17 Drehe den Rahmen wieder um und schiebe je eine der kurzen Papierröhren auf die beiden Enden der Achse und klebe sie fest.

18 Schiebe die lange Papierröhre auf die zweite Pflanzstab-Achse und klebe sie auf der anderen Seite des Fahrzeugrahmens fest.

Lass den Kleber gut trocken, bis er richtig fest ist.

19 Bohre mit dem Bleistift in die Mitte jedes Plastikdeckels ein Loch. Lege etwas Klebemasse unter, um Finger und Arbeitsfläche zu schützen.

20 Jetzt bekommt das Auto Räder: Stecke die Flaschendeckel an die Enden der Pflanzstäbe. Wenn sie zu locker sitzen, kannst du sie mit Kleber oder Klebemasse fixieren.

Energie kann man nicht erzeugen oder vernichten, man kann sie nur umwandeln.

21 Damit das Auto fährt, musst du die Triebfeder aufziehen. Stell das Auto auf eine gerade Fläche und ziehe es zurück. Lass los und sieh zu, wie es wegsaust.

Die durchschnittliche Geschwindigkeit kannst du ermitteln, indem du die zurückgelegte Strecke durch die Zeit dividierst.

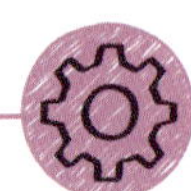

Die Energie aus der Triebfeder wird zuerst in Bewegungsenergie verwandelt. Durch Reibung und Luftwiderstand wird sie schließlich in Wärmeenergie umgewandelt.

SO FUNKTIONIERT'S

Das Auto zeigt den Zusammenhang zwischen Lageenergie und Bewegungsenergie. Lageenergie ist gespeicherte Energie. Bewegungsenergie ist die Energieform, die ein Körper hat, wenn er sich bewegt. Beim Aufziehen der Feder wird zunächst Lageenergie gespeichert, die später dafür aufgewendet wird, das Auto zu bewegen. Je schneller ein Objekt sich bewegt und je größer seine Masse ist, desto mehr Bewegungsenergie hat es. Den Energiebetrag eines Körpers kann man berechnen: Geschwindigkeit zum Quadrat mal Masse mal ½.

1 Beim Zurückziehen des Autos wird die Antriebsfeder über die Drehung der Räder gestrafft. Beim Loslassen lockert sich die Feder und Lageenergie wird in Bewegungsenergie umgewandelt. Das Auto fährt.

NOCH EINE IDEE

Dein aufziehbares Auto kann nun über Fußböden und Tische rasen. Probiere verschiedene Oberflächen aus und versuche das Auto so zu verbessern, dass es schneller oder weiter fahren kann.

SANDPAPIER-RÄDER

Wickle Sandpapier um die Hinterräder, um die Haftung zwischen den Rädern und dem Boden zu erhöhen.

GUMMIRINGE

Wenn du Gummiringe um die Räder wickelst, erhöht das die Zugkraft oder die Haftung, wie Gummi bei echten Autoreifen.

PAPP-ANTRIEBSFEDER

Eine Antriebsfeder aus Pappe macht dein Auto schneller, denn Pappe speichert mehr Energie als Papier. Aber die Energie wird auch schneller freigesetzt und die Autofahrt endet früher.

IN DER PRAXIS

ELEKTROAUTOS

Noch immer werden die meisten Autos durch Benzin oder Diesel angetrieben. Elektroautos hingegen haben eine Batterie, in der sie elektrische Energie speichern. Sie können geladen werden wie Smartphones.

LUFTWIDERSTAND

Fahrende Autos werden durch eine Kraft gebremst, die man Luftwiderstand nennt. Mit der Geschwindigkeit nimmt auch der Luftwiderstand zu. Verdoppelt man die Geschwindigkeit, vervierfacht sich der Luftwiderstand.

2 Solange sich die Feder abwickelt, fährt das Auto weiter. Seine Bewegungsenergie geht über die Reibungshitze und den Luftwiderstand „verloren".

Die Triebfeder ist vollständig abgewickelt und kann keine Energie mehr liefern.

3 Da die Bewegungsenergie vergleichsweise gering ist, spürt man die Hitze nicht, die durch die Reibung und den Luftwiderstand entsteht.

AUFTRIEBSKARFT

FLASCHENFLOSS

Wenn du einmal auf einer einsamen Insel stranden solltest, könnte dir das Wissen aus diesem Experiment das Leben retten. Mit Plastikflaschen kann man nämlich ein Floß bauen! In diesem Modell drückt die Ladung das Floß zwar in Richtung Wasser, doch durch die Auftriebskraft der mit Luft gefüllten Plastikflaschen wird es auch nach oben gedrückt. Da beide Kräfte sich gegenseitig aufheben (es liegt ein Kräftegleichgewicht vor), schwimmt das Floß.

Die Ladung ist eine Schüssel mit Steinen – gerade so schwer, dass die Holzplattform sie gut tragen kann.
Durch den Auftrieb wird das Floß an der Wasseroberfläche gehalten.

SO BAUST DU EIN

FLASCHEN-FLOSS

Leere Plastikflaschen schwimmen hervorragend. Für ein richtiges Floß brauchst du aber auch eine Plattform für die Ladung. Dieses Projekt ist relativ einfach. Die Plattform wird aus zusammengeklebten Eisstielen gebaut. Diese werden dann mit Gummiringen an den Flaschen befestigt.

Zeit
30 Minuten

Schwierigkeitsgrad
Mittel

DU BRAUCHST:

Schale mit Steinen

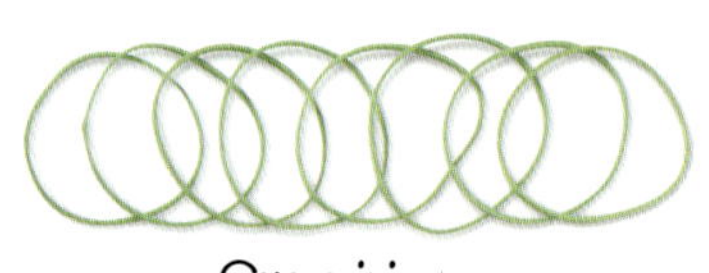

Gummiringe

Klebstoff

23 Eisstiele

Küchenwaage

2 500-ml-Plastikflaschen mit Deckel

1 Lege 11 Eisstiele dicht nebeneinander. Klebe oben und unten je einen Eisstiel quer darauf fest.

2 Lege drei Eisstiele so vor dich hin, wie im Foto gezeigt. Gib dann bei jedem Stiel auf das obere Ende zwei Tropfen Klebstoff.

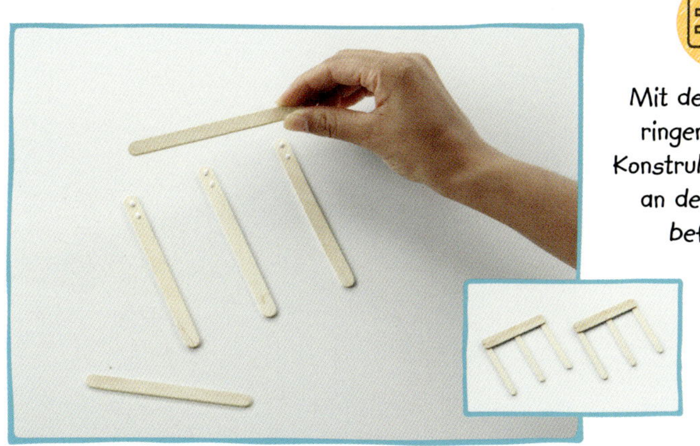

Mit den Gummiringen wird die Konstruktion später an der Flasche befestigt.

3 Klebe zwei Eisstiele quer darauf, sodass eine E-Form entsteht. Wiederhole die Schritte 2 und 3, damit du ein zweites E bekommst.

4 Wenn der Kleber getrocknet ist, ziehe über beide Enden zwei Gummiringe. Wiederhole den Schritt für das zweite E.

Bevor du die beiden E-Formen an der Plattform festklebst, müssen jeweils die vier Gummiringe platziert sein.

5 Drehe jetzt die Plattform um und klebe auf beiden Seiten ein E fest. Benutze viel Kleber und lass ihn gut trocknen, bevor du weitermachst.

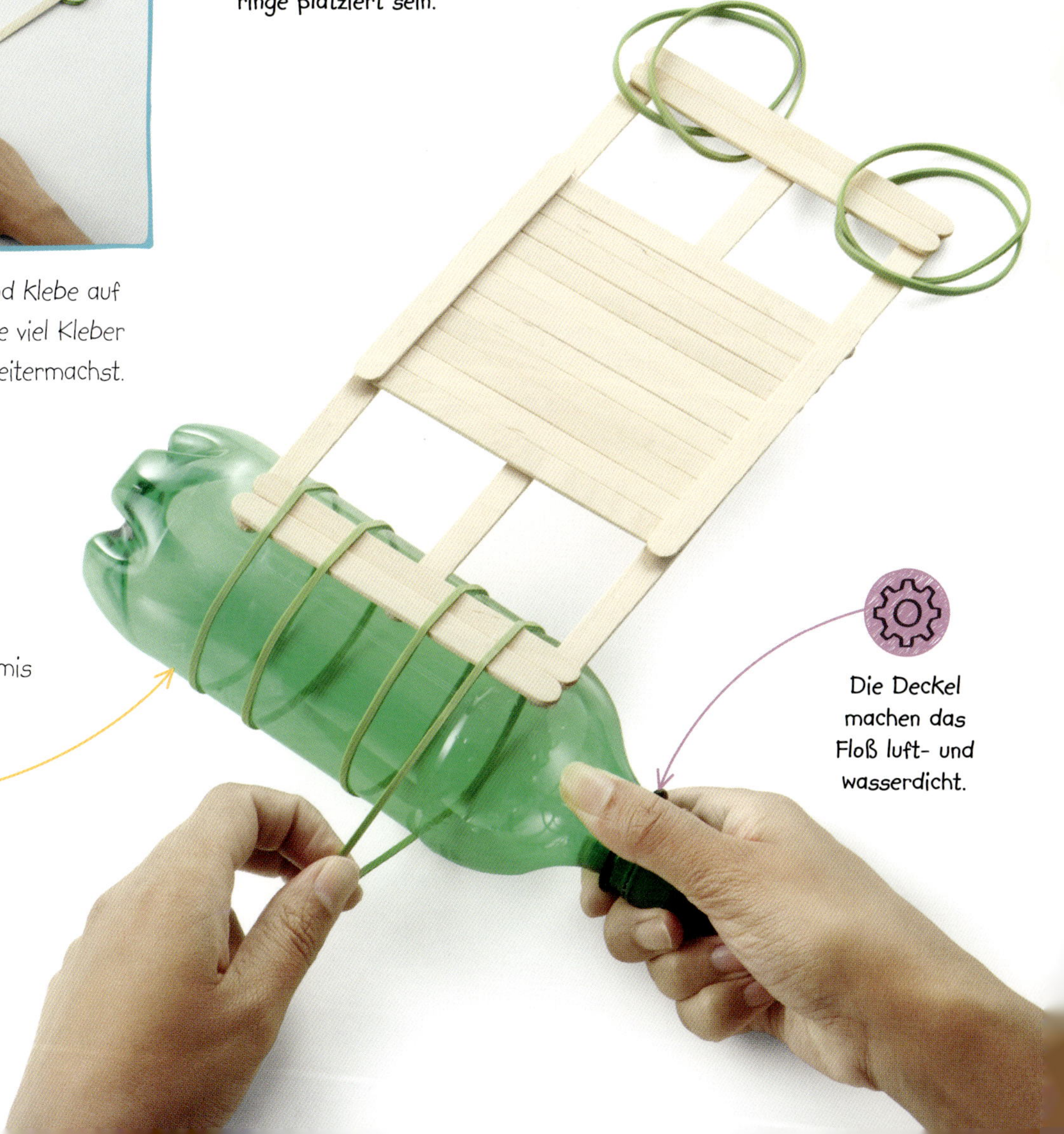

6 Spanne nacheinander jedes Gummiband so weit, dass eine Flasche hindurchpasst. Achte beim Durchschieben darauf, dass die Gummis am Ende gleiche Abstände haben.

Die Deckel machen das Floß luft- und wasserdicht.

Flöße werden immer aus leichtem Material wie Holz, Schaumstoff oder Plastik hergestellt.

7 Mit der Waage kannst du auswiegen, wie viel Last dein Floß tragen kann.

8 Lass dein Floß in der Badewanne, im Waschbecken oder in einem kleinen Teich (nur in Begleitung eines Erwachsenen) schwimmen. Stelle die Schale mit den Steinen vorsichtig auf die Plattform. Kann dein Floß die Ladung tragen?

Je fester die Verbindung zwischen Rahmen und Plattform ist, desto mehr Gewicht kann dein Floß aushalten.

Was wäre, wenn die Flaschen mit Wasser statt mit Luft befüllt wären?

NOCH EINE IDEE

Probiere mit unterschiedlichen Ladungen aus, wie viel Gewicht dein Floß tragen kann. Du kannst auf ähnliche Weise auch ein Boot bauen. Wenn du möchtest, dass dein Boot richtig fährt, baue ein Segel für den Antrieb und ein Ruder, damit es die Richtung hält.

Sand ist schwerer als Stein. Was passiert, wenn du eine Sandschüssel auf das Floß stellst?

Größere Flaschen verbessern die Schwimmfähigkeit des Floßes.

Verbindet man mehrere Flöße miteinander, so entsteht ein Steg. Du brauchst dafür nur mehr Flaschen und Plattformen.

SO FUNKTIONIERT'S

Ob ein Objekt schwimmt, hängt von seiner mittleren Dichte ab. Die mittlere Dichte eines Objekts ist das Verhältnis zwischen seiner Masse und seinem Volumen (Rauminhalt). Im Wasser wird ein Objekt durch eine Kraft namens „Auftrieb" nach oben gedrückt. Hat ein Objekt eine größere mittlere Dichte als Wasser, sinkt es, weil der Auftrieb zu klein ist. Aus diesem Grund versinken kleine, relativ schwere Gegenstände wie Münzen und Steine im Wasser. Objekte mit einer geringeren mittleren Dichte, wie luftgefüllte Plastikflaschen, schwimmen hingegen auf dem Wasser. Der Auftrieb ist groß genug, um sie oben zu halten. Jedes Objekt mit einer geringeren mittleren Dichte als Wasser schwimmt, alle Objekte mit einer größeren Dichte als Wasser gehen unter.

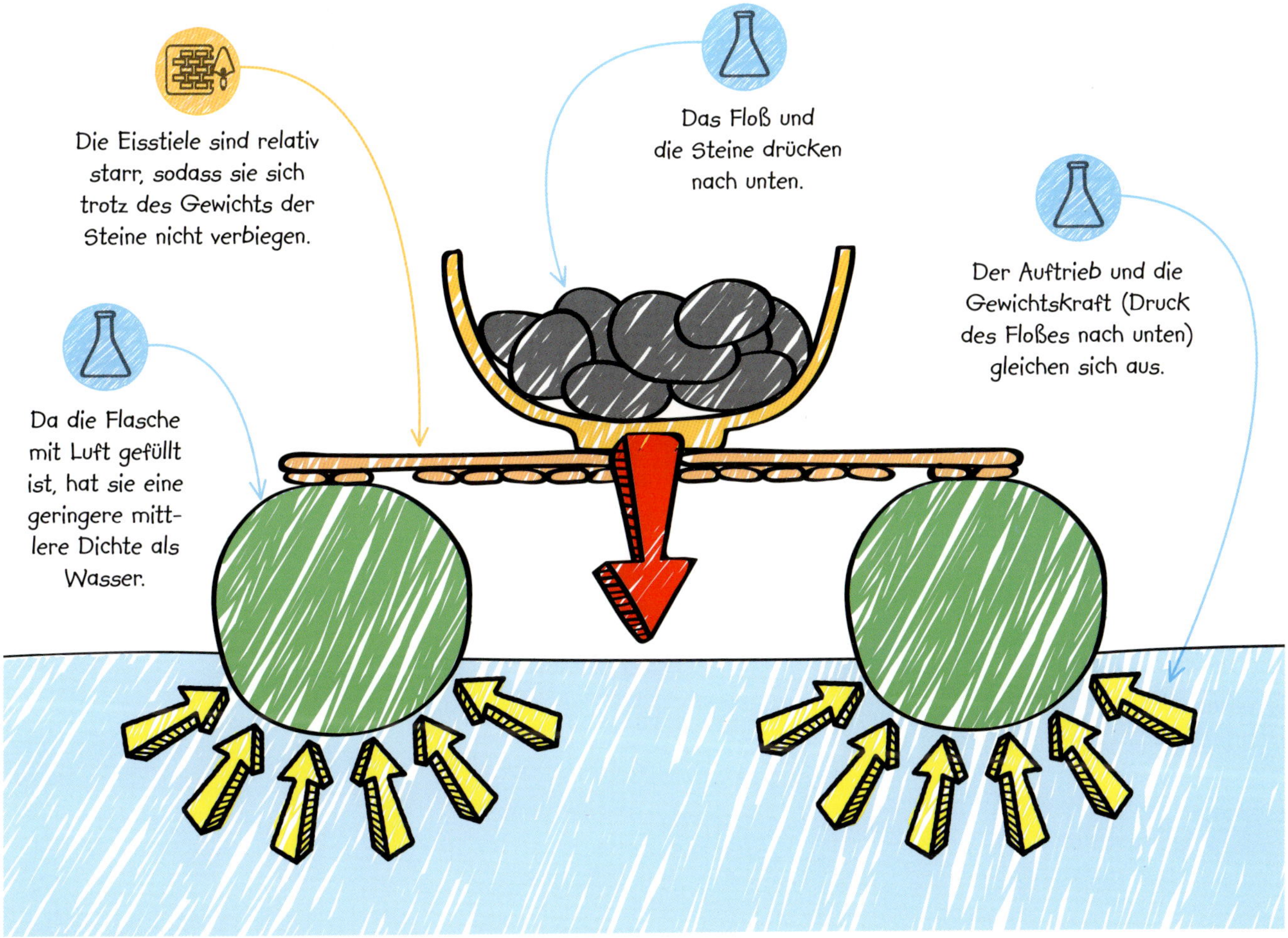

Die Eisstiele sind relativ starr, sodass sie sich trotz des Gewichts der Steine nicht verbiegen.

Das Floß und die Steine drücken nach unten.

Der Auftrieb und die Gewichtskraft (Druck des Floßes nach unten) gleichen sich aus.

Da die Flasche mit Luft gefüllt ist, hat sie eine geringere mittlere Dichte als Wasser.

IN DER PRAXIS
U-BOOTE

U-Boote können ihren Auftrieb über Tanks beeinflussen. Diese Tanks werden entweder mit Wasser oder mit Luft befüllt. An der Wasseroberfläche wird Wasser in die Tanks gefüllt, die mittlere Dichte des U-Boots nimmt zu und es taucht ab. Soll das U-Boot wieder nach oben steigen, wird Luft in die Tanks gepumpt. So nimmt die mittlere Dichte des U-Bootes ab und es steigt auf.

ERDANZIEHUNGSKRAFT

SANDPENDEL

Mit diesem Sandpendel kannst du wunderschöne Muster zeichnen. Du brauchst nur etwas Sand, eine Plastikflasche und eine lange Schnur. Es macht großen Spaß, beim Entstehen der Sandbilder zuzuschauen – und es steckt viel Wissenschaft darin. Denn es ist die Erdanziehungskraft, die das Pendel hin- und herschwingen lässt.

Das schwingende
Pendel kann sehr
schöne Muster
produzieren.
Die leuchtende Farbe
sieht toll aus, aber
einfacher Sand oder
Salz funktionieren
genauso gut.

SO BAUST DU EIN SANDPENDEL

Für das Sandpendel brauchst du etwas Platz. Wir haben leuchtendgrünen Sand verwendet, aber auch normaler Sand ist bestens geeignet. Er muss allerdings ganz trocken sein, sonst verklumpt er und rieselt nicht durch die Öffnung. Wenn du keinen Sand zur Verfügung hast, kannst du auch Salz nehmen.

DU BRAUCHST:

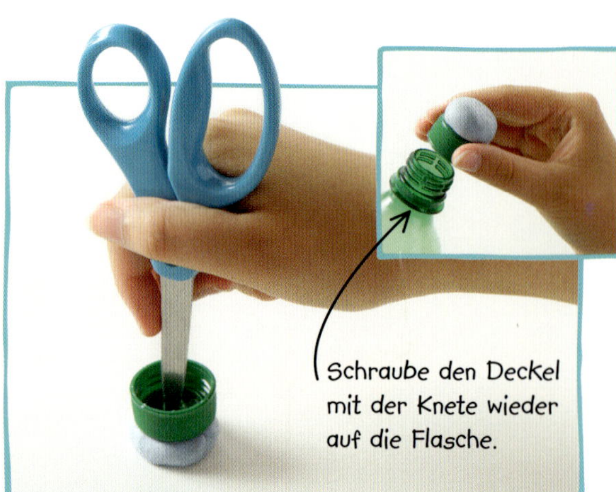

1 Lege den Flaschendeckel umgedreht auf etwas Klebemasse. Drücke mit der Schere ein Loch von etwa 3 mm Durchmesser in die Mitte des Deckels.

2 Schneide den Flaschenboden vorsichtig mit der Schere ab. Die Schnittkante sollte möglichst gerade sein.

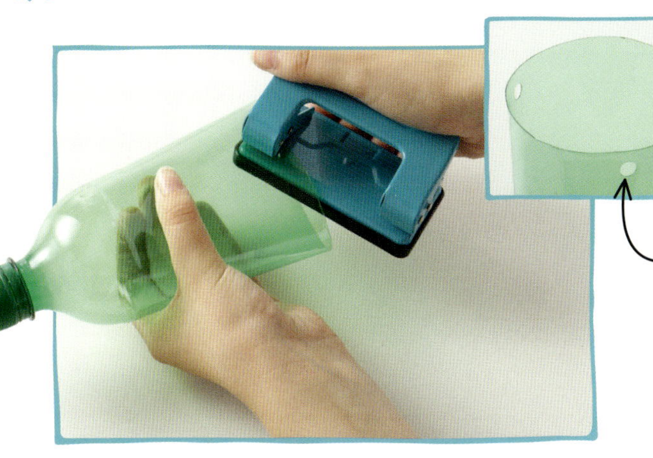

Mit dem Locher kannst du perfekte Löcher ausstanzen.

3 Stanze mit einem Locher – etwa 1 cm vom Rand entfernt – drei Löcher in ungefähr gleichen Abständen in die Plastikflasche.

4 Schneide ein 25 cm langes Stück Schnur ab. Nutze das Lineal zum Abmessen.

5 Binde die Enden der Schnur an zwei Löchern fest, sodass eine Schlinge entsteht.

6 Schneide jetzt ein etwa 2 m langes Stück Schnur ab. Verknote ein Ende dieser Schnur im dritten Loch.

Diese Schnur ist aus gewebten Pflanzenfasern.

Platziere den Knoten ganz genau, damit die Flasche gerade hängt.

7 Verknote die lange Schnur so mit der Schlinge, dass die Abstände von jedem Loch zum Knoten genau gleich lang sind. Nur so kann die Flasche später gerade hängen.

8 Bitte einen Erwachsenen, die Flasche so aufzuhängen, dass sie frei schwingen kann und der Deckel etwa 4–5 cm über dem Boden hängt, (z. B. draußen an einer Astgabel). Nun schütte Sand oder Salz in die Flasche.

9 Klebe mit dem Klebeband einige dunkle Blätter Papier zu einer großen Fläche zusammen, auf die der Sand aus der Flasche rieseln kann.

Aufgrund des Luftwiderstands und der Reibung zwischen Schnur und Aufhängung verliert das Pendel langsam an Energie.

10 Entferne die Knete vom Deckel und gib der Flasche einen leichten Schubs, sodass sich das Sandpendel in Kreisbahnen bewegt. Wenn die Flasche leer ist, falte das Papier und schütte den Sand zurück in die Flasche. Dann kannst du noch einmal von vorn loslegen.

Diese ovalen Bahnen nennt man Ellipsen.

Je mehr Energie das Pendel verliert, desto enger werden die Bahnen.

NOCH EINE IDEE

In den 1580er-Jahren hat der italienische Wissenschaftler Galileo Galilei festgestellt, dass die Schwingungsdauer eines geraden Pendels nicht von seinem Gewicht, sondern nur von seiner Länge abhängt: Lange Pendel schwingen langsamer als kurze. Diese Entdeckung führte zur Erfindung der Pendeluhr. Probiere es einfach aus, indem du die Schnur deines Pendels verkürzt oder verlängerst und stoppst, wie lange die verschiedenen Pendel schwingen. Durch Verwendung einer Y-Aufhängung werden die elliptischen Bewegungen eines Pendels komplexer: Es schlägt in die eine Richtung länger und in die andere Richtung kürzer aus, wodurch wundervolle Muster, sogenannte Lissajous-Figuren, entstehen.

Wenn du die Position dieses Knotens veränderst, erhältst du unterschiedliche Ergebnisse.

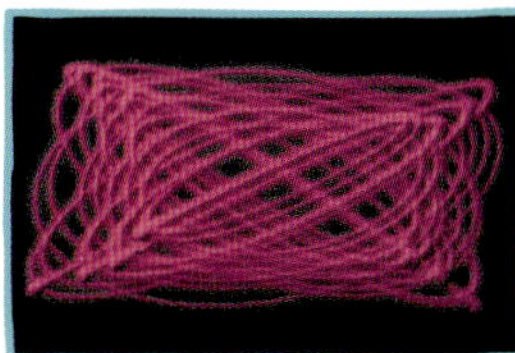

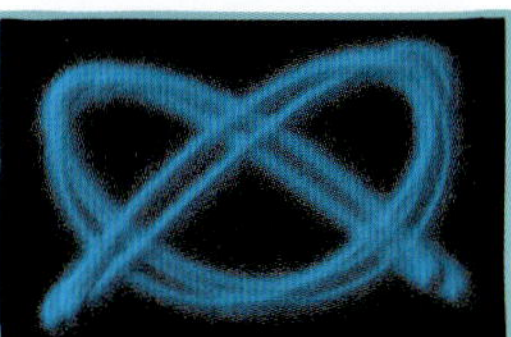

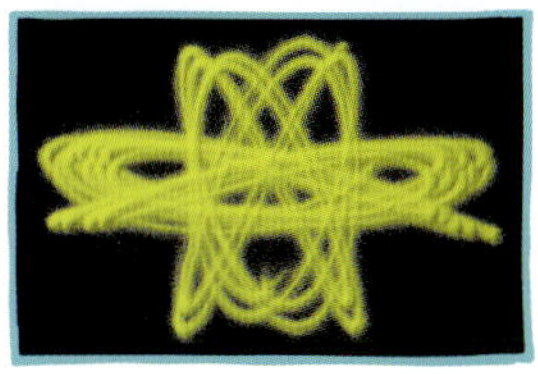

SO FUNKTIONIERT'S

Wenn du ein Pendel einfach nur anhebst und dann wieder loslässt, pendelt es vor und zurück. Wenn du es seitlich anschubst, bewegt es sich ellipsenförmig und ändert ständig seine Richtung. Ein Objekt, das sich bewegt, ändert seine Richtung nur durch Krafteinwirkung. In diesem Fall ist es die Schwerkraft, die die Flasche wieder zur Mitte zieht. Die seitliche Bewegung und die Spannung in der Schnur verzögern dies jedoch. Durch Reibung verliert das Pendel Energie und es dreht sich langsam spiralförmig nach innen. Die Sandspur macht den genauen Weg sichtbar.

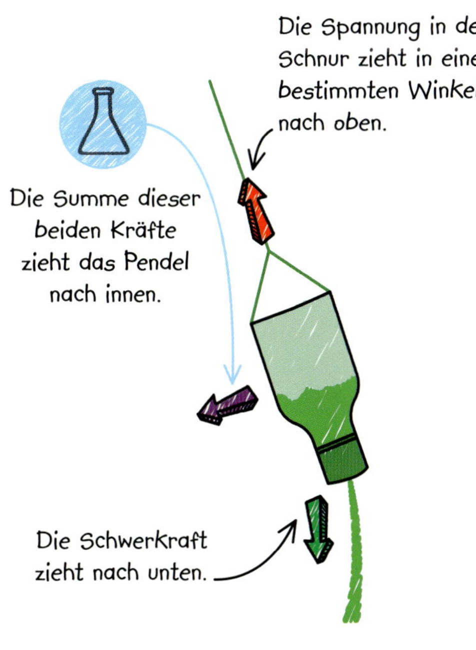

VON DER SEITE

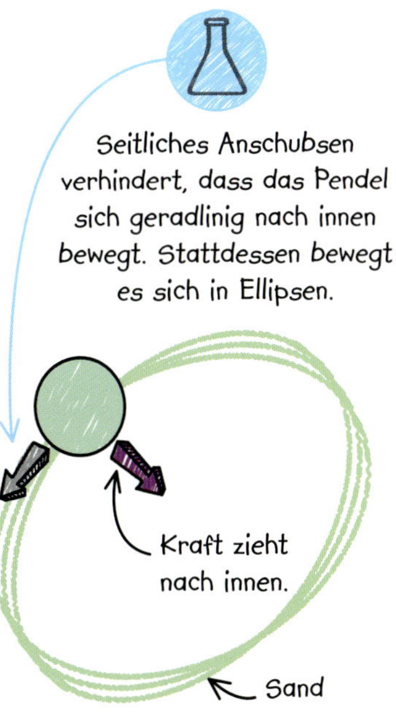

VON OBEN

IN DER PRAXIS
SATELLITEN

Genau wie dein Pendel bewegen sich auch Satelliten in Ellipsen. Auf diese Objekte in der Erdumlaufbahn wirkt neben der Fliehkraft (Trägheitskraft, die bei Dreh- und Kreisbewegungen auftritt) auch die Schwerkraft. Sie zieht die Satelliten nach innen. Solange beide Kräfte im Gleichgewicht sind, fliegt der Satellit weiter um die Erde: Er stürzt nicht ab und schießt auch nicht ins All hinaus.

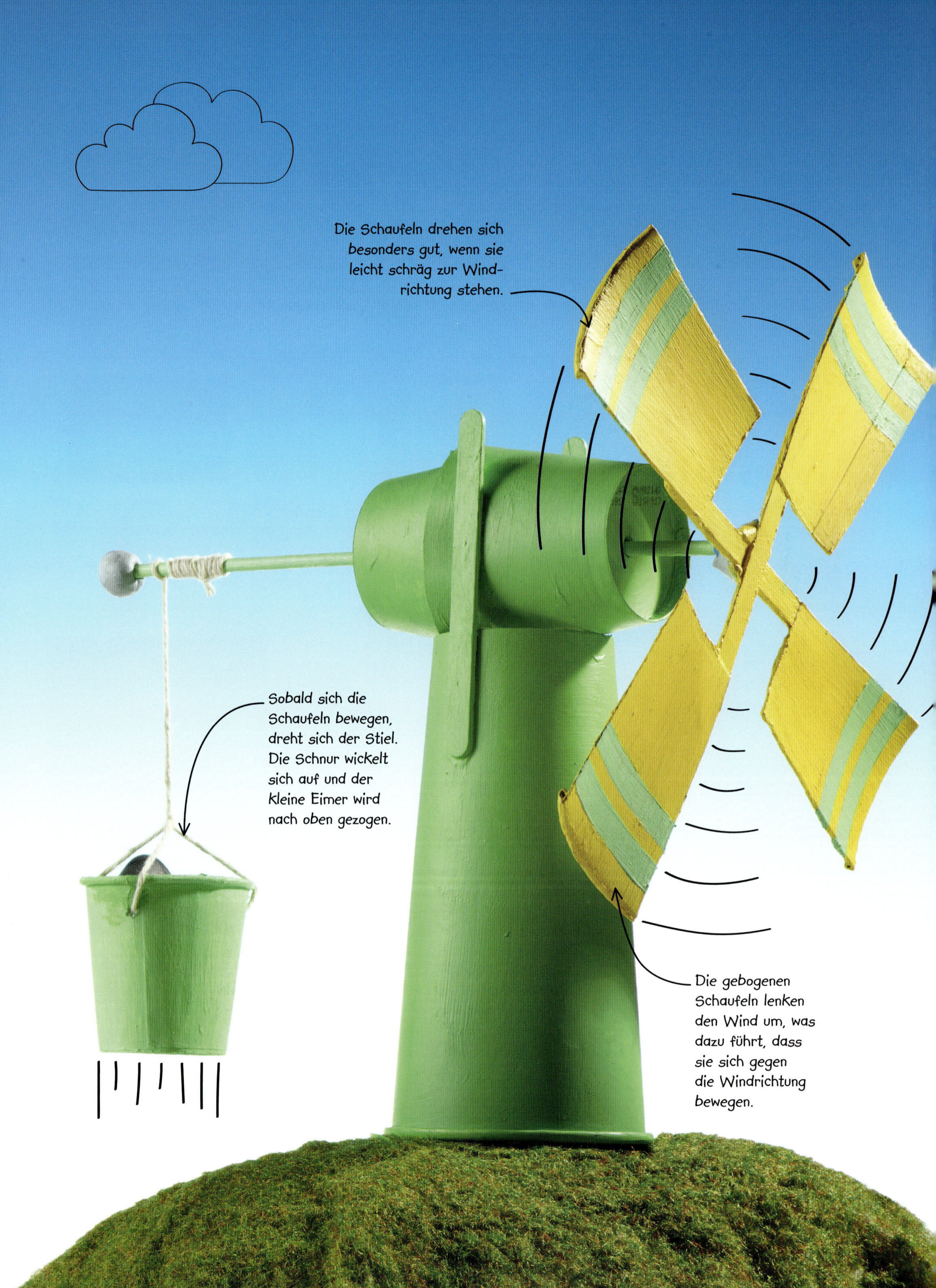
Die Schaufeln drehen sich besonders gut, wenn sie leicht schräg zur Windrichtung stehen.
Sobald sich die Schaufeln bewegen, dreht sich der Stiel. Die Schnur wickelt sich auf und der kleine Eimer wird nach oben gezogen.
Die gebogenen Schaufeln lenken den Wind um, was dazu führt, dass sie sich gegen die Windrichtung bewegen.

ENERGIEÜBERTRAGUNG

WINDKRAFTANLAGE

Sicher hast du schon riesige Windräder gesehen, deren Flügel sich langsam drehen. Die großen Schaufeln werden durch den Wind angetrieben. Im Turm einer solchen Windkraftanlage befindet sich ein Generator, der Windenergie in elektrische Energie umwandelt, die dann in Wohnungen, Büros, Fabriken oder Schulen genutzt werden kann. Aus Pappbechern kannst du deine eigene Windkraftanlage bauen.

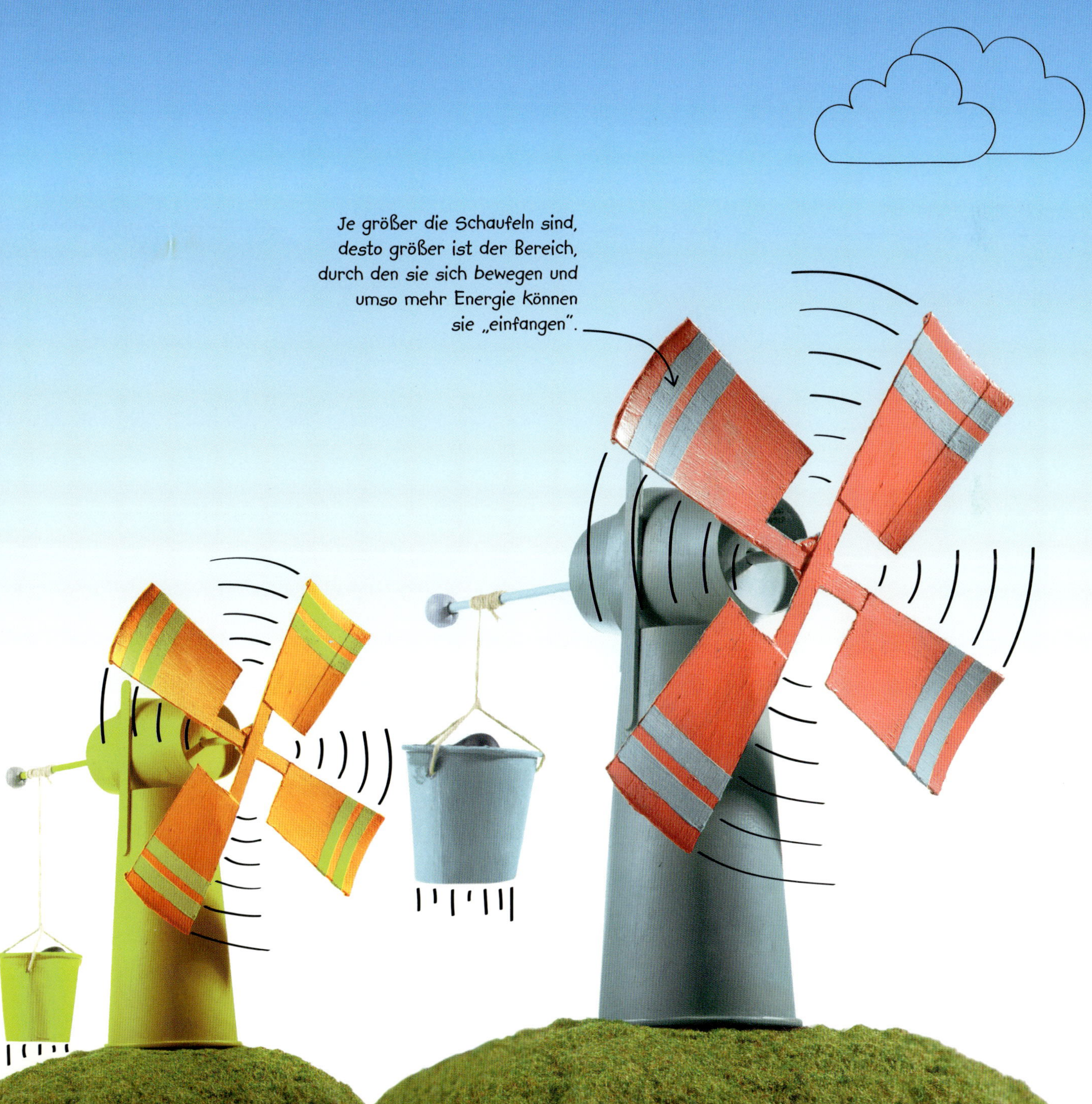

SO BAUST DU EINE WINDKRAFT-ANLAGE

Das Wichtigste an der Windkraftanlage ist die Stellung der Schaufeln zur Windrichtung. Als Flügel sind Pappbecher gut geeignet, denn ihre leichte Wölbung lenkt den Wind ab.

DU BRAUCHST:

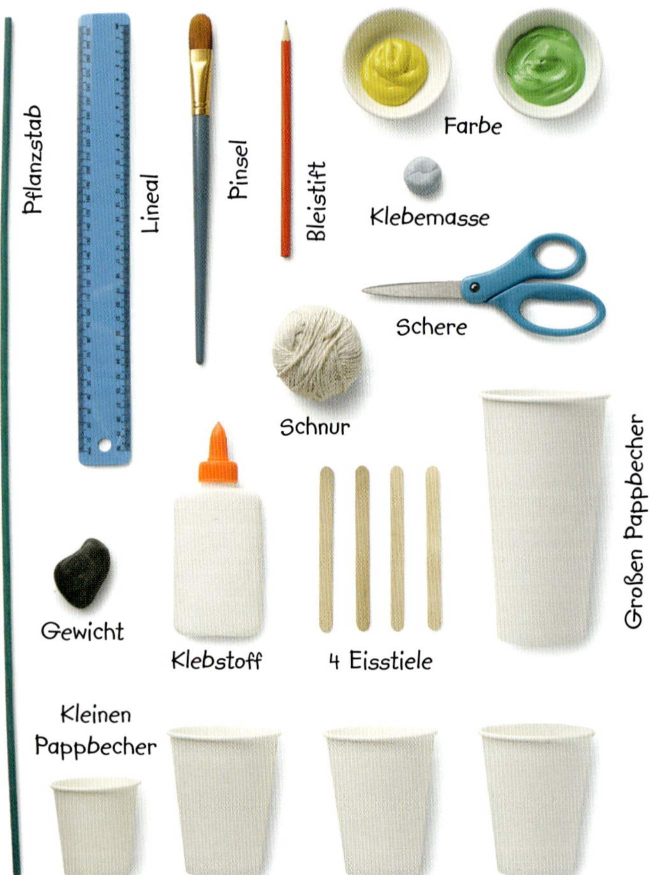

1 Zeichne auf einen mittelgroßen Pappbecher eine Linie im Abstand von 7 cm zum Becherboden. Auf einen zweiten mittelgroßen Pappbecher zeichnest du eine Linie im Abstand von 5 cm zum Becherboden.

2 Schneide mit einer Schere vorsichtig entlang der Linien und nimm die oberen Teile der beiden Becher ab. Vielleicht kannst du sie ja für ein anderes Experiment gebrauchen.

3 Stich bei beiden Pappbechern mit der Bleistiftspitze ein Loch in die Mitte des Bodens. Sei vorsichtig, dass du dich dabei nicht selbst stichst.

4 Stecke den kleineren der abgeschnittenen Becher kopfüber in den größeren. Gib dann etwas Kleber in die Verbindungsstelle und lass ihn vollständig trocknen.

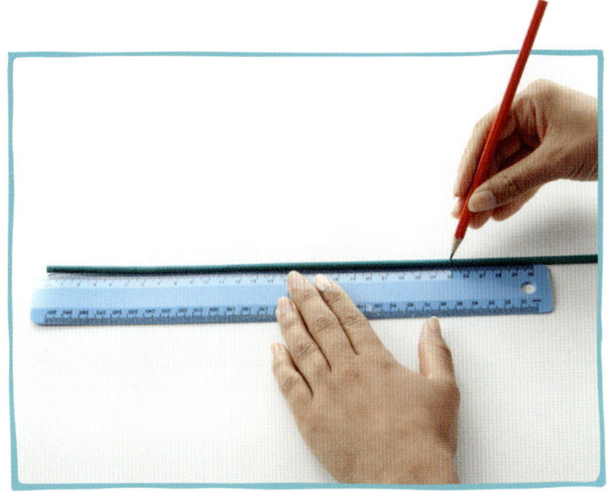

5 Zeichne mit dem Bleistift 25 cm vom Ende des Pflanzstabs eine Markierung an.

6 Kürze den Pflanzstab an der Markierung. Ritze ihn zuerst mit der Schere an und brich ihn dann vorsichtig auseinander. Am besten bittest du einen Erwachsenen um Hilfe.

Der Pflanzstab funktioniert hier ähnlich wie eine Welle in einer echten Windkraftanlage.

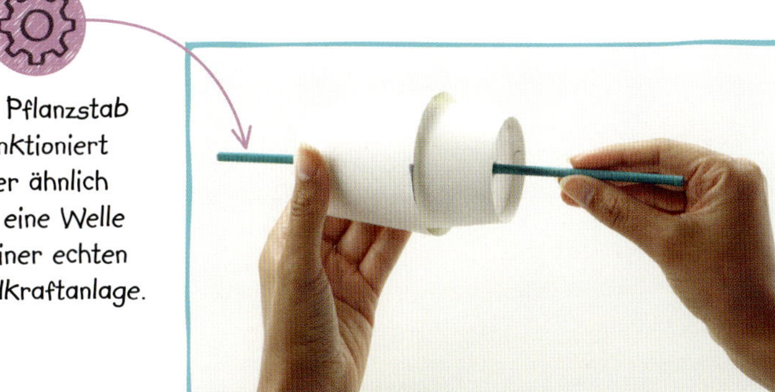

7 Stecke den Stab durch die beiden Löcher im Boden der zusammengeklebten Becher.

8 Drehe den großen (nicht abgeschnittenen) Becher um und klebe zu beiden Seiten des Bodens in derselben Höhe je einen Eisstiel fest.

9 Lass den Kleber zuerst vollständig trocknen und trage dann auch auf den Innenseiten der Eisstiele Kleber auf.

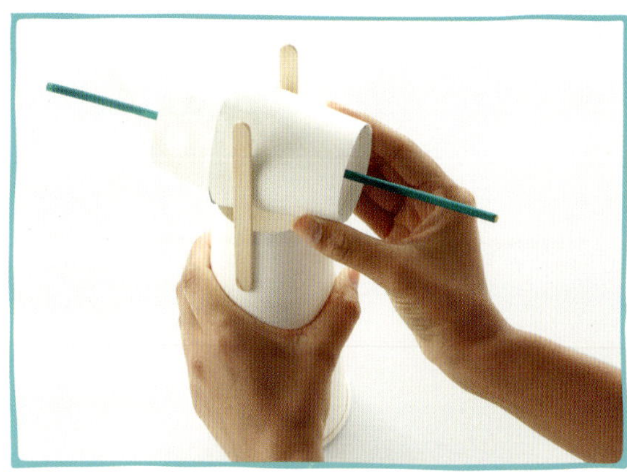

10 Setze die zusammengeklebten Becher mit dem Stab in die Mitte zwischen die beiden Eisstiele. Halte die Becher in Position, bis der Kleber getrocknet ist.

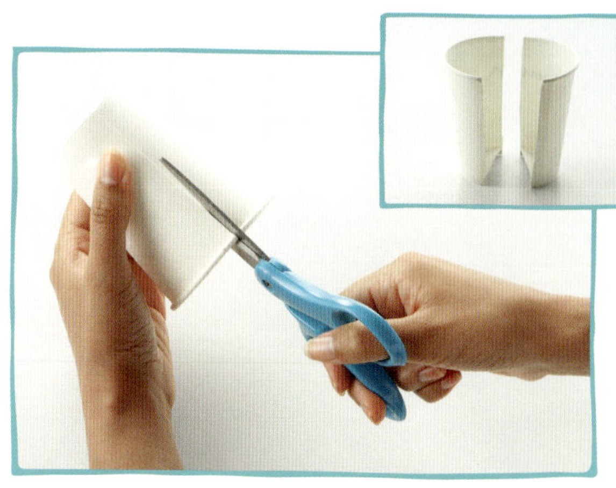

11 Schneide nun den letzten der drei mittelgroßen Becher vorsichtig mit einer Schere in zwei Hälften.

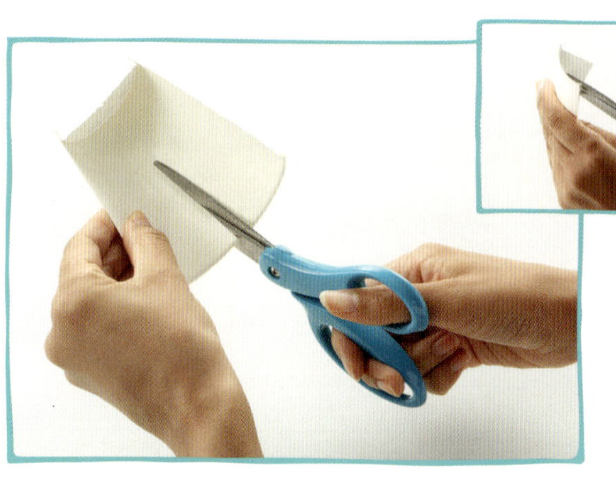

12 Schneide jede Hälfte nochmals längs in der Mitte durch, sodass du insgesamt vier Stücke erhältst. Schneide jeweils den Boden ab.

Bei allen vier Schaufeln muss dieselbe Seite oben liegen.

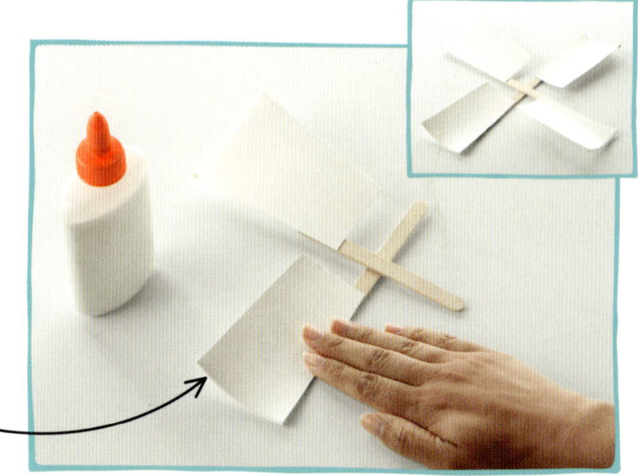

13 Klebe zwei Eisstiele zu einem Kreuz zusammen. Wenn der Kleber vollständig getrocknet ist, klebst du die Schaufeln jeweils mit der Kante an den Eisstielen fest.

Bei einer echten Windkraftanlage können die Flügel sich so drehen, dass sie günstig zur Windrichtung stehen.

14 Drücke etwas Klebemasse in die Mitte des Kreuzes, um die Schaufeln an der Welle (in diesem Fall der Pflanzstab) zu fixieren.

15 Stecke nun die Schaufeln mithilfe der Knete vorn auf den Stab an der Turbine.

16 Nimm den kleinen Becher und drücke mit einem spitzen Bleistift am Rand in etwa gleichen Abständen drei kleine Löcher hinein. Das wird später der Lasten-Eimer.

17 Schneide ein 12 cm langes Stück Schnur ab und fädle es durch zwei der Löcher. Fixiere die Schnur durch einen Knoten.

18 Schneide nun ein 40 cm langes Stück Schnur ab und fädle das eine Ende durch das dritte Loch im Becher. Verknote es mit der Mitte der kürzeren Schnur.

19 Knote das freie Ende am Pflanzstab fest. Damit es nicht verrutscht, kannst du es mit einem kleinen Stück Klebeband fixieren.

20 Jetzt kannst du deine Windkraftanlage in deinen Lieblingsfarben bemalen und mit schönen Mustern verzieren.

Die gebogenen Schaufeln dieser Windkraftanlage übertragen einen Teil der Bewegungsenergie des Windes in die Drehbewegung der Schaufeln.

Damit dein Windrad nicht umfällt, wenn es eine Last nach oben zieht, kannst du als Gewicht Klebemasse an den Innenrand drücken.

21 Lege als Gewicht kleine Steine in den Eimer und schau, was passiert, wenn das Windrad in Betrieb ist. Du kannst einen Ventilator oder einen Fön bei niedriger Stufe benutzen, falls es gerade windstill ist. Was passiert eigentlich, wenn der Wind aufhört? Fällt der Eimer dann herunter oder bleibt er aufgrund der Haftreibung in Position?

Probiere mit unterschiedlichen Gewichten aus, wie viel deine Turbine schafft.

NOCH EINE IDEE

Wenn dein Ventilator unterschiedliche Stufen hat, probiere aus, wie schnell der Eimer angehoben wird, wenn der Wind stärker weht. Du kannst auch verschiedene Schaufeln ausprobieren. Um festzustellen, welches Design das beste ist, solltest du immer dieselbe Einstellung beim Ventilator wählen. Kannst du auch eine Windkraftanlage bauen, die schwerere Gewichte heben kann?

GRÖSSERE SCHAUFELN

Für größere Schaufeln brauchst du nur einen größeren Becher.

MEHR SCHAUFELN

Klebe drei Eisstiele zusammen und schneide zwei Becher auseinander, dann kannst du mehr Schaufeln aufkleben.

SO FUNKTIONIERT'S

Wind entsteht, weil die Sonne die Erde an unterschiedlichen Orten unterschiedlich stark erwärmt. Warme Luft hat einen niedrigeren Druck als kalte Luft. An heißen Orten dehnt die warme Luft sich aus, wird leichter und steigt nach oben. Weiter oben am Himmel kühlt die Luft ab und zieht in Richtung Meer. Dort sinkt sie nach unten und drückt kalte Luft richtung Land – das ist der Wind. Windkraftanlagen nutzen die Bewegungsenergie des Windes, die die Schaufeln des Windrads zum Drehen (Rotieren) bringt. Diese Rotationsenergie wird an den Generator weitergeleitet, der daraus elektrischen Strom erzeugt.

Oben am Himmel kühlt die Luft sich wieder ab und sinkt.

Die Luft wird erwärmt, dehnt sich aus und steigt auf.

Die kalte Luft fließt in die Bereiche, aus denen die warme Luft nach oben gestiegen ist.

Land wird schneller warm als Wasser.

IN DER PRAXIS

STROMERZEUGUNG

Windkraftanlagen verwenden die Bewegungsenergie des Windes für die Stromerzeugung. Der Wind versetzt die Schaufeln in eine Drehbewegung, die an den Generator in der Hauptwelle weitergeleitet wird. Dieser erzeugt wiederum elektrischen Strom aus der Bewegungsenergie. An Küsten oder auf Bergen können Windkraftanlagen die meiste Energie produzieren, weil es dort fast immer windig ist.

BEWEGUNG UND LUFTDRUCK

SCHWEBENDER BALL

Magier behaupten, dass sie allein aufgrund ihrer magischen Fähigkeiten Dinge schweben lassen können. Dahinter steckt natürlich nicht wirklich Zauberei. Normalerweise hängen die „schwebenden" Gegenstände an einem unsichtbaren Faden. Doch einen Tischtennisball kann man tatsächlich schweben lassen. Es sieht aus wie Magie, aber hier arbeiten einfach zwei physikalische Kräfte gegeneinander.

SO LÄSST DU EINEN

BALL SCHWEBEN

Damit der Ball schwebt, musst du einen Luftstrom erzeugen. Das geht ganz einfach, wenn du in ein Pappröhrchen bläst, an dessen Ende ein dünner Strohhalm steckt. Damit der Luftstrom stark genug ist, darf unterwegs keine Luft entweichen. Du musst also aufpassen, dass dein „Blasrohr" keine Lücken und Löcher hat.

DU BRAUCHST:

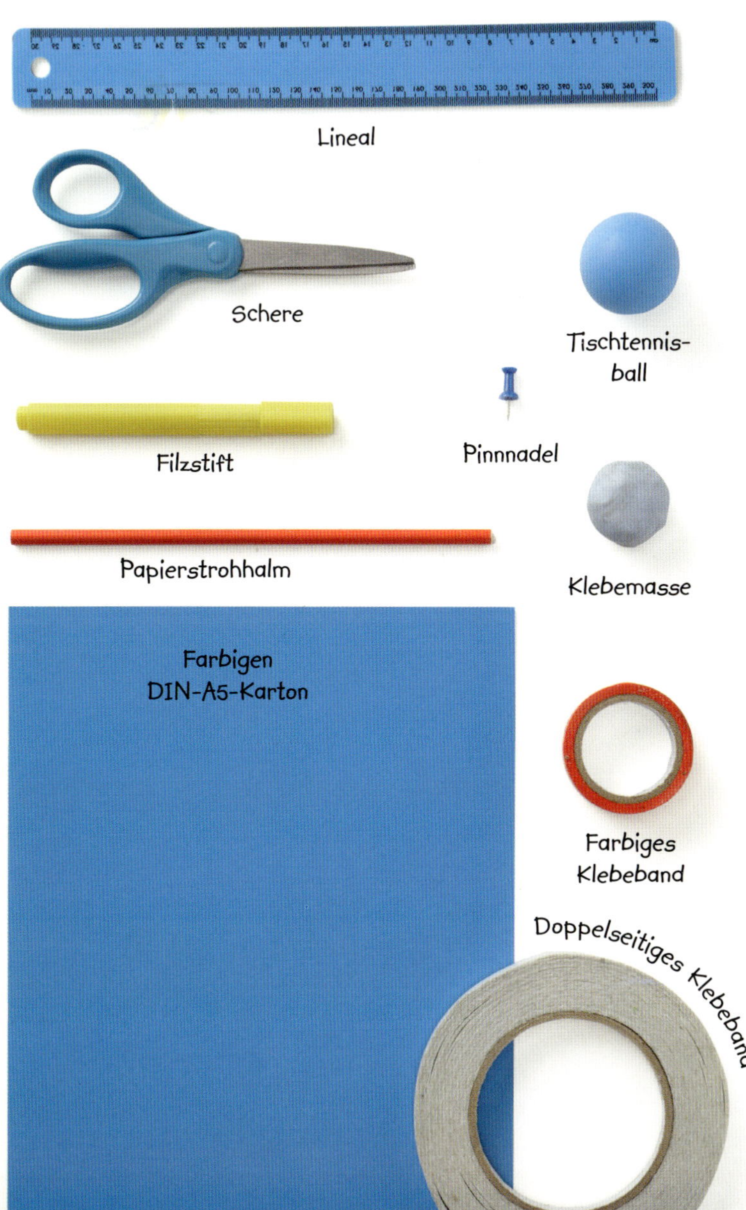

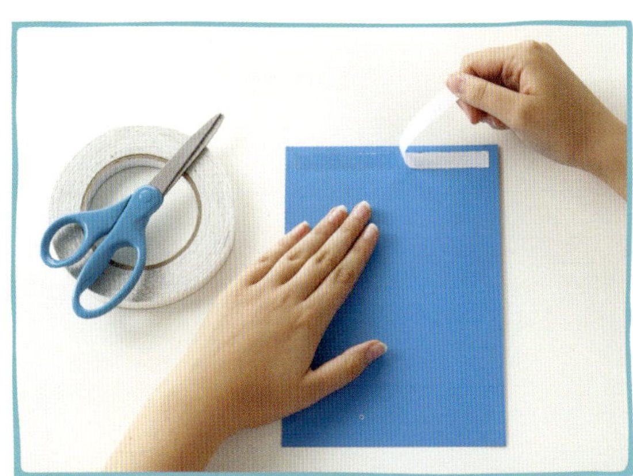

1 Klebe einen Streifen doppelseitiges Klebeband entlang einer der kurzen Seiten des DIN-A5-Kartons und ziehe das Schutzpapier ab.

2 Rolle den Filzstift von der anderen kurzen Seite her in den DIN-A5-Karton ein, sodass ein Pappröhrchen entsteht. Drücke das Ende mit dem Klebeband fest an. Ziehe den Stift heraus.

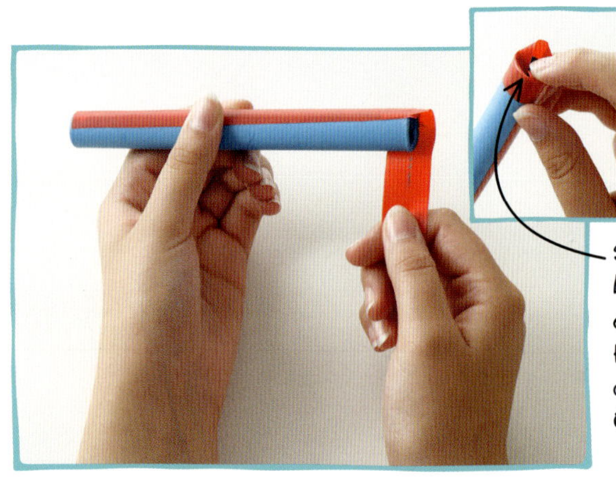

3 Klebe farbiges Klebeband über die „Naht". Wickle außerdem farbiges Klebeband um das Ende des Röhrchens.

4 Klebe das andere Ende des Röhrchens vollständig mit farbigem Klebeband zu, damit hier keine Luft entweichen kann, wenn du auf der anderen Seite hineinbläst.

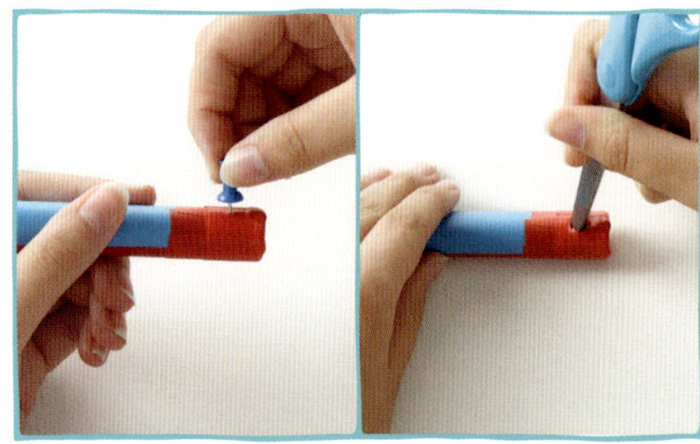

5 Steche am zugeklebten Ende des Röhrchens mit der Pinnnadel ein kleines Loch in das farbige Klebeband und vergrößere es vorsichtig mit der Scherenspitze.

6 Schneide ein etwa 5 cm langes Stück des Papierstrohhalms ab.

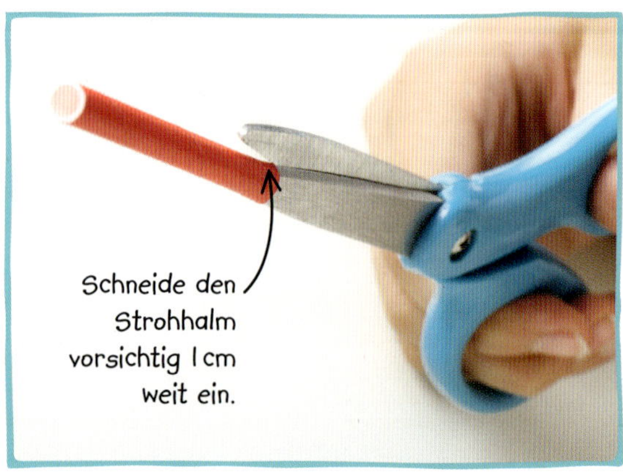

7 Mach an einem Ende des Halms zwei gegenüberliegende 1 cm lange Schnitte. Falte eine Seite des Ausschnitts nach oben, sodass eine kleine Klappe entsteht.

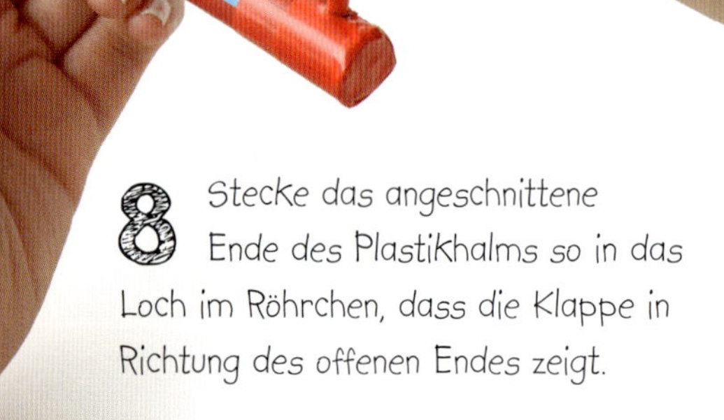

8 Stecke das angeschnittene Ende des Plastikhalms so in das Loch im Röhrchen, dass die Klappe in Richtung des offenen Endes zeigt.

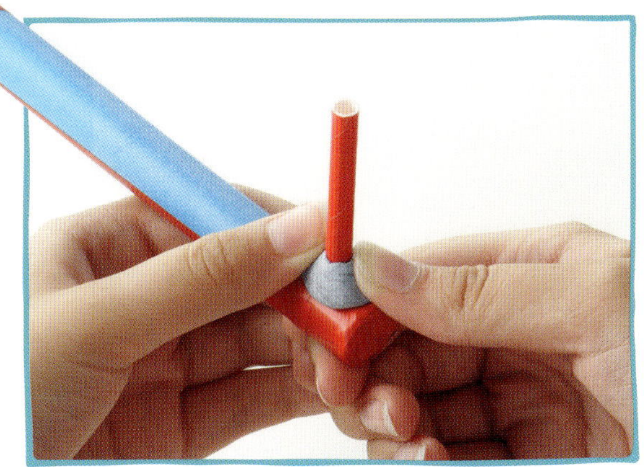

9 Fixiere die Klappe mit farbigem Klebeband auf dem Röhrchen und verstärke den Übergang zwischen Strohhalm und Pappröhrchen mit Klebemasse. Du darfst nicht zu fest drücken, musst aber trotzdem alle Lücken und Löcher an dieser Stelle sorgfältig schließen.

10 Dein Schweberöhrchen ist fertig. Halte den Tischtennisball über den Strohhalm, blase in das Pappröhrchen und lass den Ball los. Schwebt er jetzt?

SO FUNKTIONIERT'S

Wenn du in das Röhrchen bläst, drückt der Luftstrom den Ball nach oben. Selbst wenn du das Röhrchen leicht seitlich neigst, wird der Ball nicht herunterfallen. Der Grund ist, dass der Luftstrom ein Objekt mit einer glatten, gekrümmten Oberfläche umfließt. Sobald der Ball sich zu einer Seite (z. B. nach rechts) aus dem Zentrum des Luftstroms wegbewegt, ist die Strömung auf der anderen Seite (links) schneller und der Druck niedriger. Auf der rechten Seite ist der Druck höher und der Ball wird wieder zurückgedrückt.

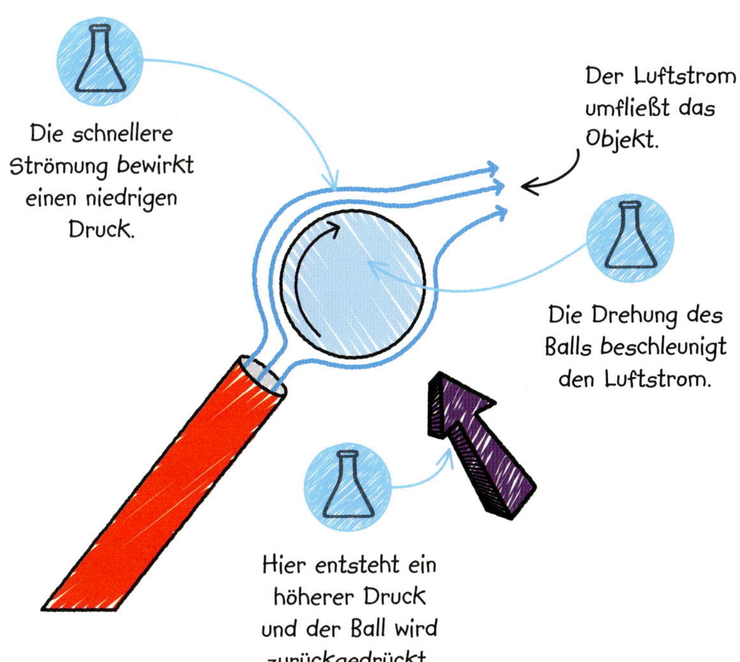

IN DER PRAXIS
SEGELN

Sobald Wind auf ein Segel trifft, muss er zwei unterschiedlich lange Wege zurücklegen: sowohl außen um das Segel als auch innen herum. Dies erzeugt auf der Außenseite des Segels Unterdruck, auf der Innenseite Überdruck. Der Unterdruck „zieht" am Segel (der Überdruck aus der anderen Richtung „drückt" entsprechend). Wenn du das Segel richtig ausrichtest, kannst du so in fast jede Richtung segeln, sogar (bis zu einem bestimmten Winkel) gegen den Wind!

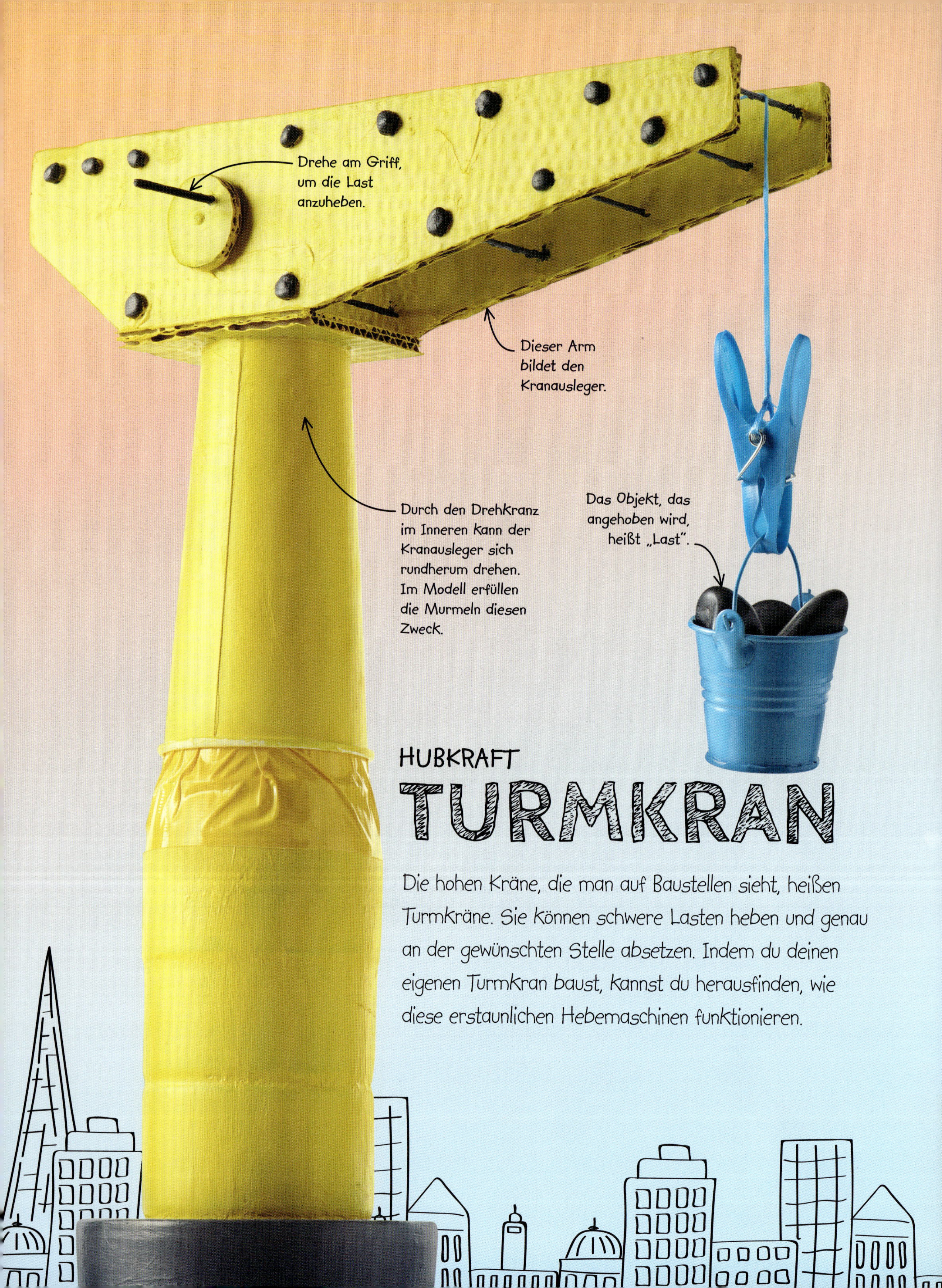

HUBKRAFT

TURMKRAN

Die hohen Kräne, die man auf Baustellen sieht, heißen Turmkräne. Sie können schwere Lasten heben und genau an der gewünschten Stelle absetzen. Indem du deinen eigenen Turmkran baust, kannst du herausfinden, wie diese erstaunlichen Hebemaschinen funktionieren.

SO BAUST DU EINEN

TURMKRAN

Für dieses Projekt brauchst du Geduld. Der kniffligste Teil ist der Kranausleger – der horizontale Arm ganz oben. Er besteht aus zwei Pappstücken, die mit mehreren Zahnstochern zusammengehalten werden. Damit das Ganze stabil wird, besteht der Sockel aus schwereren Materialien.

DU BRAUCHST:

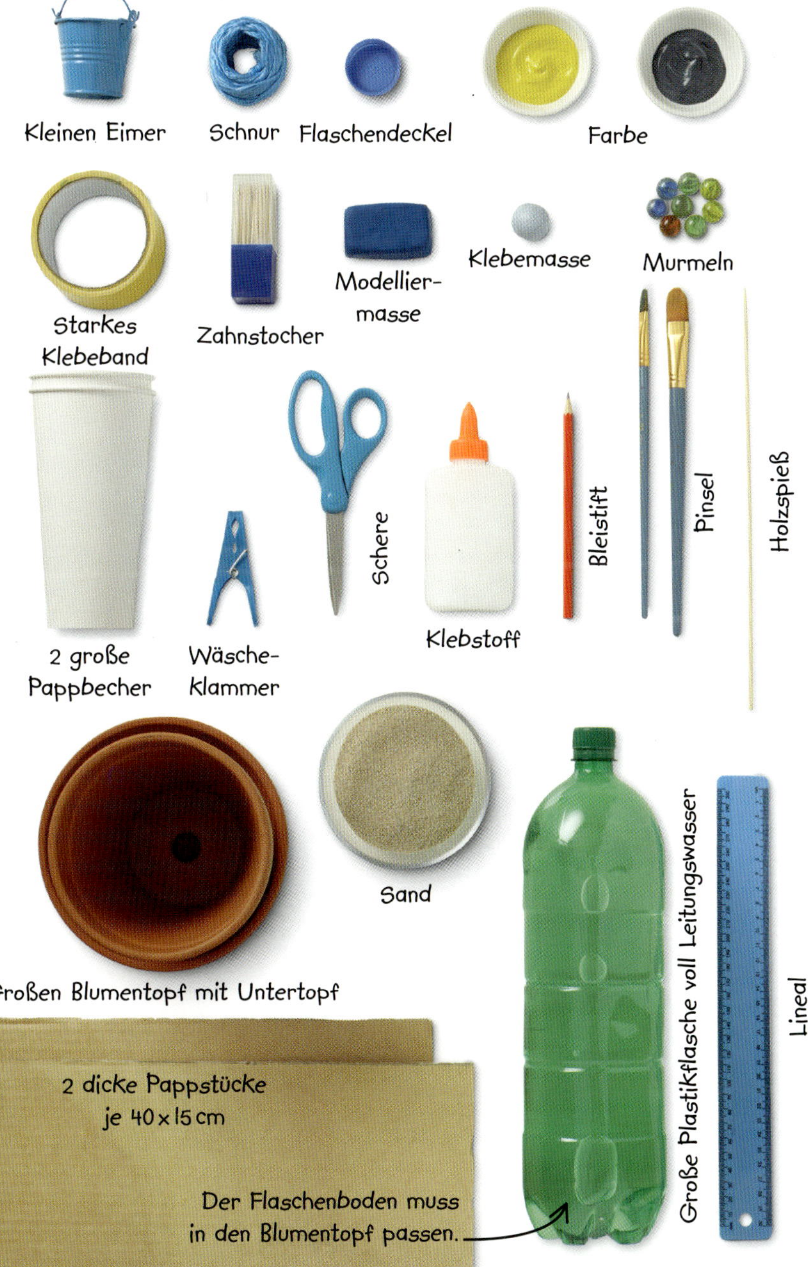

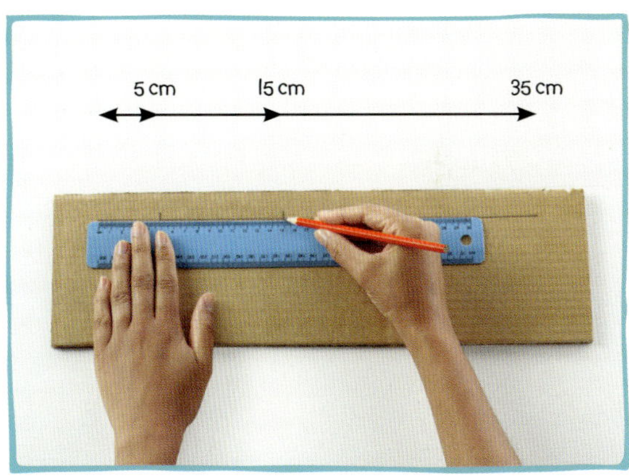

1 Zeichne auf eine Pappe mit Lineal und Bleistift nah am Rand der längeren Seite eine 35 cm lange Linie. Mach im Abstand von 5 cm und 15 cm zum linken Ende der Linie je eine Markierung.

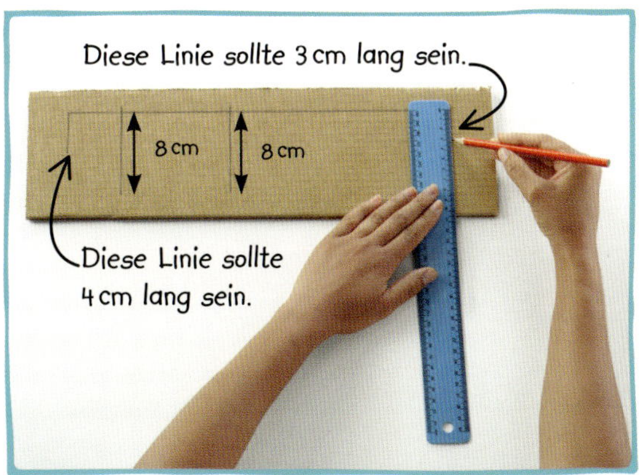

2 Nun zeichne, ausgehend von der langen Linie, vier vertikale Linien an den Markierungen: Eine 4-cm-Linie ganz links, zwei 8-cm-Linien in der Mitte und eine 3-cm-Linie ganz rechts.

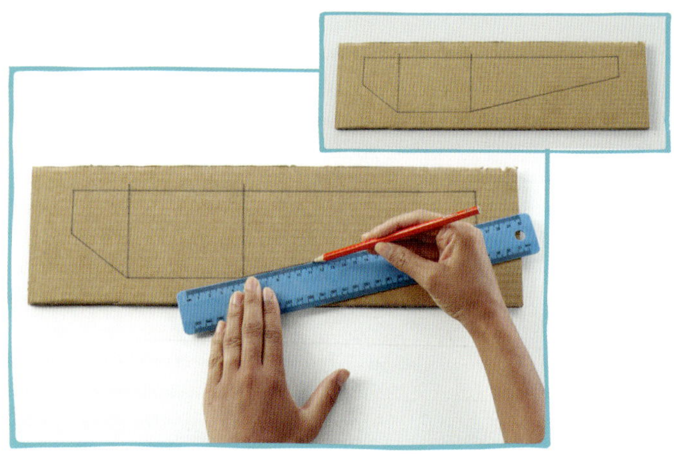

3 Verbinde die Enden der vier vertikalen Linien mit dem Lineal. Die Form, die du jetzt gezeichnet hast, bildet eine Seite des Kranauslegers.

4 Schneide die Form mit der Schere aus und nutze sie als Schablone. Stelle dieselbe Form mit dem anderen Stück Pappe noch einmal her.

5 Zeichne auf einer der beiden Formen in regelmäßigen Abständen Punkte entlang der Ränder. Mach außerdem einen Punkt in die Mitte des Rechtecks, wie oben gezeigt.

6 Lege die Pappstücke genau übereinander und stich die Zahnstocher an den Punkten durch beide Pappstücke hindurch. Du kannst auch eine Pinnnadel zum Vorstechen der Löcher nehmen.

7 Entferne den Zahnstocher in der Mitte des Rechtecks. Ziehe dann die beiden Pappstücke vorsichtig auseinander, sodass sie ungefähr parallel zueinander liegen und auf beiden Seiten nur noch die Spitzen der Zahnstocher herausschauen.

8 Tupfe Kleber rund um die Spitzen der Zahnstocher. Lass den Kleber vollständig trocknen und wiederhole dasselbe auf der anderen Seite.

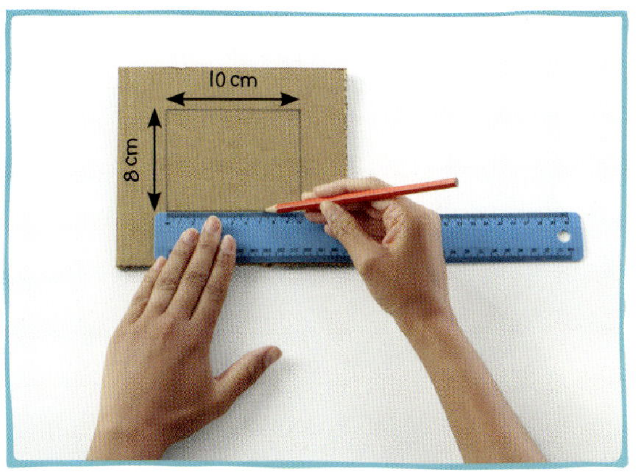

9 Zeichne für den Boden des Kranauslegers ein Rechteck von 8 cm Breite und 10 cm Länge auf Pappe.

10 Lege den Kranausleger auf den Kopf und gib Kleber auf die kurzen horizontalen Kanten. Drücke das Rechteck vorsichtig in Position und lass den Kleber gut trocknen.

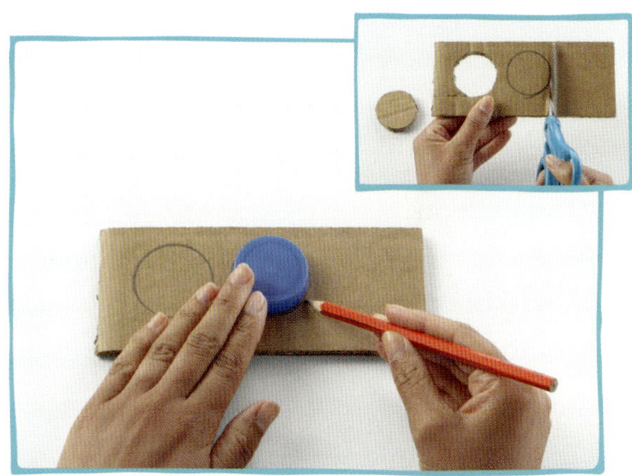

11 Zeichne für den Lastenaufzug mithilfe des Flaschendeckels zwei Kreise auf ein übriges Stück Pappe und schneide sie vorsichtig aus.

12 Drücke mit einem Holzspieß ein Loch in die Mitte beider Scheiben. In einer Scheibe brauchst du ein zweites Loch, genau mittig zwischen dem zentralen Loch und dem Rand.

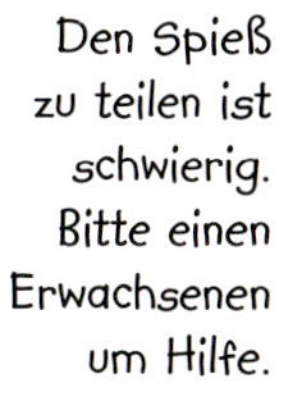

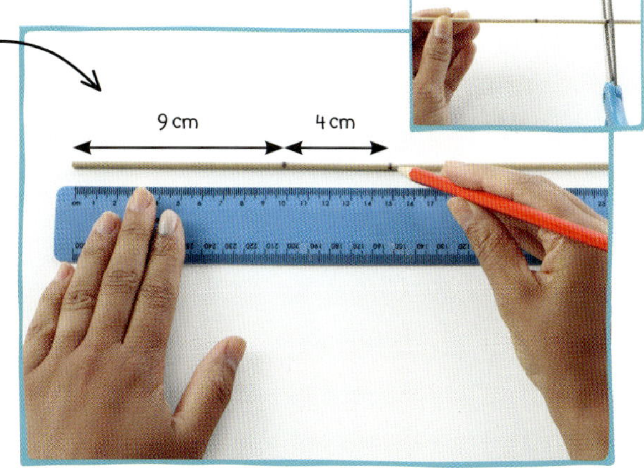

13 Teile vom Holzspieß ein 9-cm-Stück und ein 4-cm-Stück ab. Ritze die Stellen immer zuerst mit der Schere an, dann brich die Teile auseinander.

Aus den beiden Spießstücken und der Pappscheibe baust du eine Kurbel, mit deren Hilfe die Last angehoben wird.

14 Stecke die beiden Stücke des Spießes in die Pappscheibe mit den zwei Löchern und klebe die Spieße fest.

15 Drücke das längere Spießstück vorsichtig durch die mittleren Löcher in der breiten Seite des Kranauslegers. Klebe die andere Kreisscheibe auf der gegenüberliegenden Seite fest.

16 Stecke auf alle Zahnstocherspitzen eine kleine Kugel Klebemasse, damit sich niemand daran verletzen kann.

17 Drehe den Kranausleger um und klebe einen der Pappbecher an den Boden. Warte, bis der Kleber vollständig getrocknet ist.

18 Male Ausleger und Pappbecher in deiner Lieblingsfarbe an. Wir haben Gelb für den Kranausleger und Grau für die Knetkügelchen verwendet.

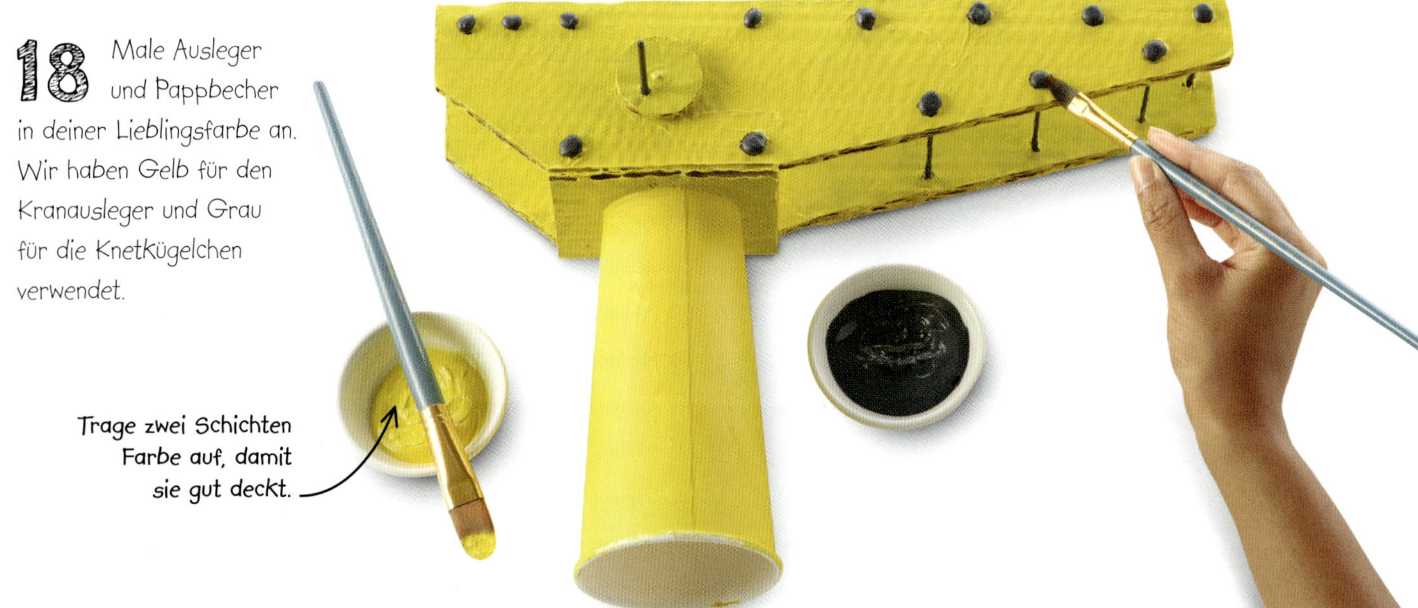

Trage zwei Schichten Farbe auf, damit sie gut deckt.

19 Schneide 1 m Schnur ab und verknote ein Ende in der Mitte der Kurbelwelle. Fädle das andere Ende von oben nach unten durch die beiden Zahnstocherreihen, wie oben zu sehen.

20 Ziehe das lange Ende der Schnur durch die Feder der Wäscheklammer und befestige es mit einem Knoten.

Die Blöcke aus Modelliermasse bilden ein Gegengewicht, das das Gewicht der Last ausbalanciert.

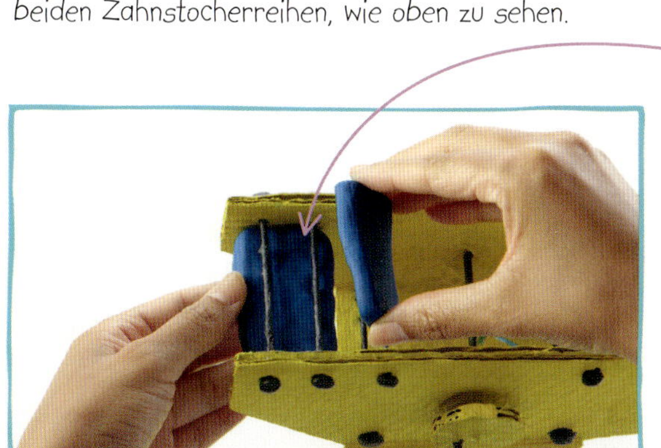

21 Forme zwei Blöcke aus der Modelliermasse und drücke sie gegeneinander um die oberen beiden Zahnstocher am Ende des Kranauslegers.

22 Jetzt kannst du den Blumentopf anmalen, der die schwere Basis des Krans bilden wird. Bemale den Untertopf in derselben Farbe.

Die mit Sand befüllte Basis ist schwer und macht den Kran stabil.

23 Bemale die mit Leitungswasser gefüllte Plastikflasche mit zwei Schichten Farbe. Lass alles gut trocknen.

24 Stell die Flasche in den Blumentopf und beides in den Untertopf. Dann fülle den Blumentopf rund um die Flasche herum mit Sand.

Die Murmeln sorgen wie der Drehkranz in einem echten Kran dafür, dass sich der Ausleger in jede Richtung drehen kann.

25 Setze den zweiten Pappbecher mit der Öffnung nach unten auf den Flaschenhals und fixiere ihn mit starkem Klebeband.

26 Lege die Murmeln in den Hohlraum am Boden des Pappbechers. Platziere sie so luftig, dass sie sich noch bewegen können.

Wenn du an der Kurbel drehst, hebt oder senkt sich die Ladung.

Die Murmeln verringern die Reibung und sorgen dafür, dass der Kranausleger sich leichter drehen kann.

Echte Kräne werden durch einen Betonsockel verankert. In deinem Modell übernimmt der Blumentopf diese Aufgabe.

27 Setze den Kranausleger nun auf den Becher mit den Murmeln, indem du den angemalten Becher darüber stülpst. Hänge den kleinen Eimer mit der Last an die Klammer und drehe an der Kurbel.

Die Last, die auf der einen Seite nach unten zieht, erzeugt ein Drehmoment am Kran.

NOCH EINE IDEE

Probiere aus, wie schwer die Last höchstens sein darf, damit dein Kran nicht umkippt. Ziehe den Faden so durch den Kranausleger, dass er näher am Turm herunterhängt. Wie viel Gewicht schafft der Kran jetzt? Was passiert, wenn du die Kurbelscheibe größer machst? Vielleicht vergrößerst du deinen Kran, damit er noch schwerere Lasten heben kann. Probiere aus, was passiert, wenn du das Gegengewicht vergrößerst oder verkleinerst. Du kannst auch noch dickere Pappe und anstelle der Zahnstocher größere Holzspieße verwenden.

SO FUNKTIONIERT'S

Ein Turmkran fällt nicht um, wenn er schwere Lasten hochzieht, weil er das Drehmoment anpassen kann: Je weiter die Last vom Turm entfernt ist, desto größer ist das Drehmoment. Das Drehmoment entspricht dem Gewicht der Last multipliziert mit ihrem Abstand zum Turm. Schwere Lasten werden daher näher am Turm hinaufgezogen als leichte. Mit einem Gegengewicht entsteht ein ungefähres Gleichgewicht der Drehmomente. Ganz ausbalanciert muss das Verhältnis nicht sein, da der Kran ja im Boden verankert ist.

Abstand A

Abstand B

Gewicht B (Last)

Gewicht A (Gegengewicht)

Der Kran ist ausbalanciert, wenn gilt:
Gewicht B · Abstand B = Gewicht A · Abstand A.

IN DER PRAXIS
KRÄNE AUF DER BAUSTELLE

In einem echten Turmkran hängt das Hubseil von einer Laufkatze herab. Dieses Bauteil kann sich entlang des Auslegers vor und zurück bewegen, damit man die Position des Hubseils verändern kann. So steuert der Kranführer das Drehmoment, das durch die Ladung auf den Kran einwirkt. Ein Turmkran kann bis zu 20 Tonnen heben, das ist etwa so viel, wie 20 Autos wiegen.

EINFACHE MASCHINE

AUTOMAT

Ein Automat ist eine mechanische Vorrichtung, die scheinbar selbstständig arbeitet. Tatsächlich wird ein Automat aber von Hand, durch ein Uhrwerk oder einen elektrischen Motor angetrieben. Automaten gibt es schon seit über 2000 Jahren. Häufig dienten sie der Unterhaltung. In diesem Projekt baust du einen Hai-Automaten, der seinen Schwanz bewegen und sein riesiges Maul öffnen kann. Diese Bewegungen werden durch Nockenwellen und Kurbelwellen gesteuert, ähnlich wie in einem Verbrennungsmotor.

Der riesige Unterkiefer bewegt sich auf und ab.

Der Holzspieß dient als Schubstange für die Auf- und Abwärtsbewegung.

Die Drehbewegung des Spießes wird von der Nocke in eine Auf- und Abbewegung übersetzt. Dadurch öffnet und schließt sich das Maul des Hais.

Die Pappscheibe dient als Nocke. Weil sie nicht zentrisch auf dem Spieß rotiert, bewirkt sie die Auf- und Abwärtsbewegung der Schubstange.

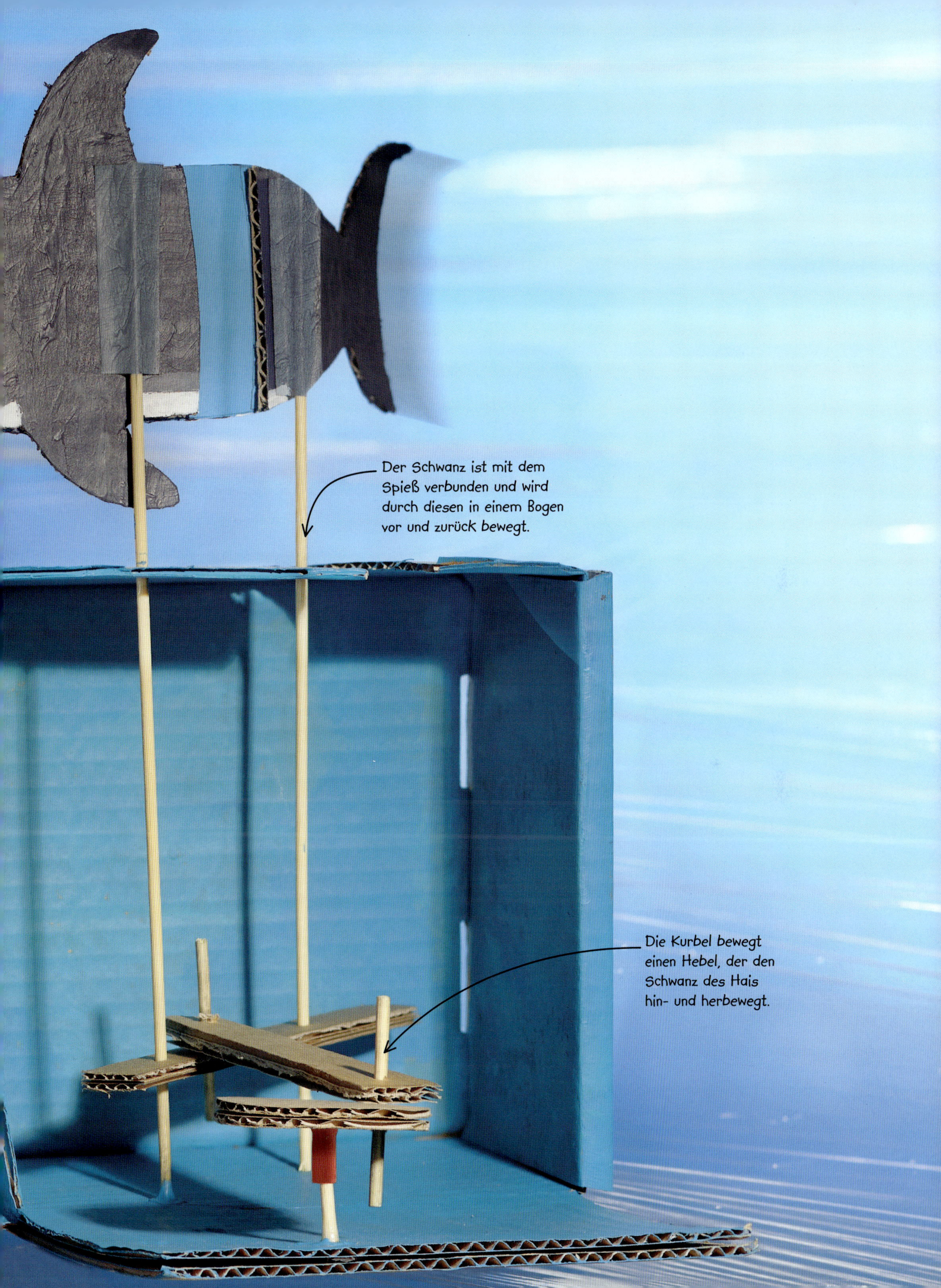
Der Schwanz ist mit dem Spieß verbunden und wird durch diesen in einem Bogen vor und zurück bewegt.
Die Kurbel bewegt einen Hebel, der den Schwanz des Hais hin- und herbewegt.

SO ENTSTEHT EIN AUTOMAT

Dieses Modell wird dich eine Weile beschäftigen. Du brauchst mehrere Stücke dicker Pappe, denn für dieses Projekt benötigst du viele kleinere Einzelteile. Wenn du keine Pappschachtel in der unten angegebenen Größe findest, kannst du die Maße der anderen Teile einfach entsprechend anpassen.

Zeit
120 Minuten

Schwierigkeitsgrad
Schwer

DU BRAUCHST:

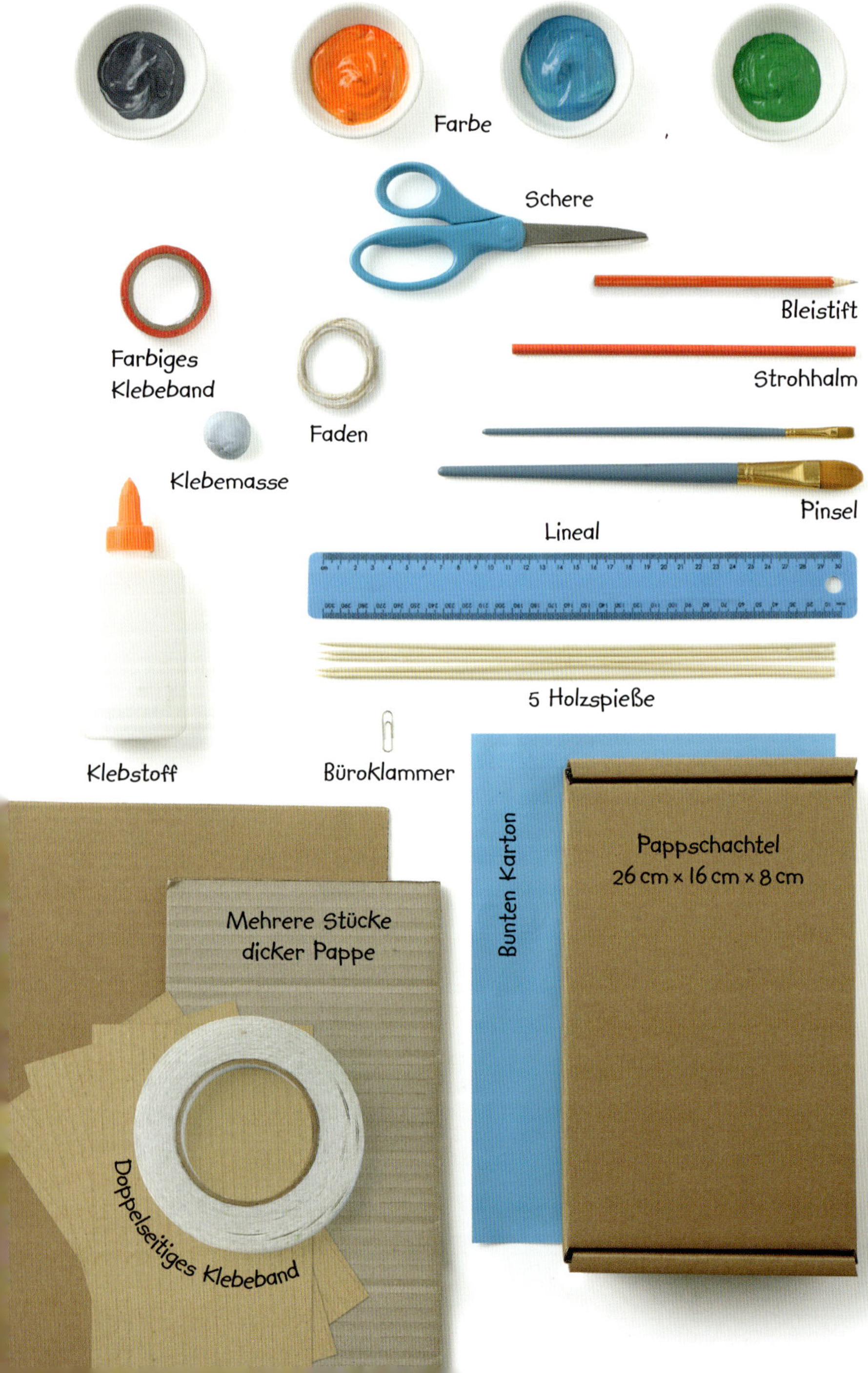

Farbe
Schere
Bleistift
Farbiges Klebeband
Strohhalm
Faden
Klebemasse
Pinsel
Lineal
5 Holzspieße
Klebstoff
Büroklammer
Bunten Karton
Pappschachtel 26 cm × 16 cm × 8 cm
Mehrere Stücke dicker Pappe
Doppelseitiges Klebeband

1 Zeichne für die Bodenplatte des Automaten ein Rechteck der Größe 20 cm × 15 cm auf ein kleines Stück dicke Pappe.

2 Zeichne auf ein weiteres Stück Pappe ein zweites Rechteck in der Größe 12 cm × 15 cm. Schneide beide Rechtecke aus.

3 Klebe mittig über Kreuz sowie entlang dem Rand des größeren Rechtecks doppelseitiges Klebeband. Entferne die Schutzstreifen.

4 Klebe die beiden Rechtecke aufeinander, wie im Bild zu sehen. Ein Teil des größeren Rechtecks muss überstehen. Klebe die Pappschachtel mit der Längsseite auf den überstehenden Teil.

5 Markiere auf der Schachtel drei Punkte: links, rechts und in der Mitte, jeweils 2 cm vom Rand entfernt. Verbinde sie mit einer Linie.

6 Zeichne für den rechten Mechanismus des Automaten zwei 12 cm × 2 cm große Rechtecke auf ein Stück Pappe und schneide sie aus.

7 Markiere auf einem kleinen Rechteck mittig drei Punkte: 2 cm, 4 cm und 8 cm von einem Ende entfernt.

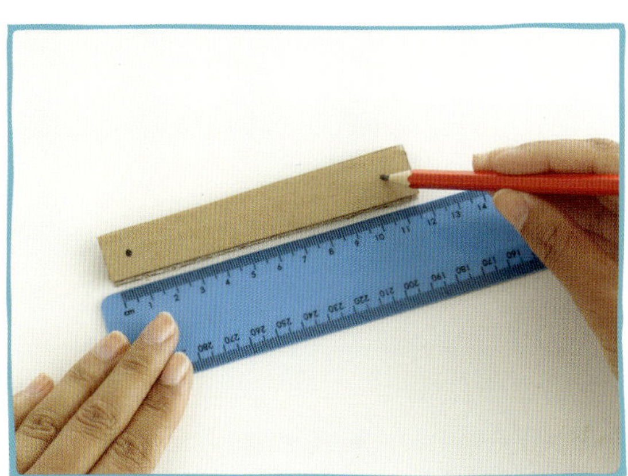

8 Markiere auf dem anderen kleinen Rechteck mittig zwei Punkte: beide 1 cm vom jeweiligen Ende entfernt.

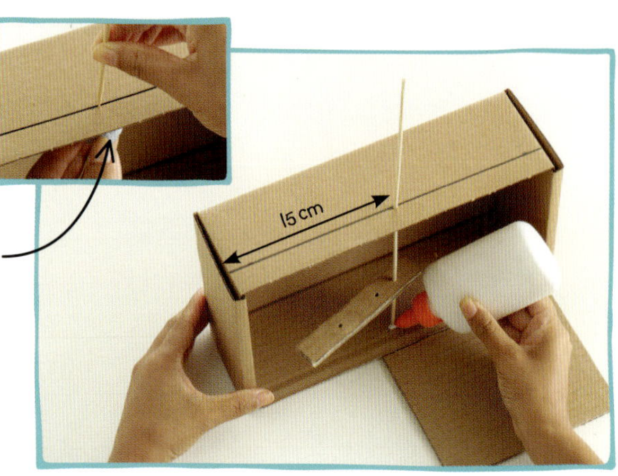

Lege auf der anderen Seite Klebemasse unter, um deine Finger zu schützen.

9 Bohre mit einem Holzspieß Löcher durch die Punkte in den kleinen Rechtecken.

10 Drücke den Spieß 15 cm vom linken Rand entfernt an der Linie durch die Schachtel und zugleich durch das Rechteck mit den drei Löchern, wie im Bild zu sehen. Stecke den Spieß in den Boden und klebe ihn dort fest.

Du kannst hierfür einen Erwachsenen um Hilfe bitten.

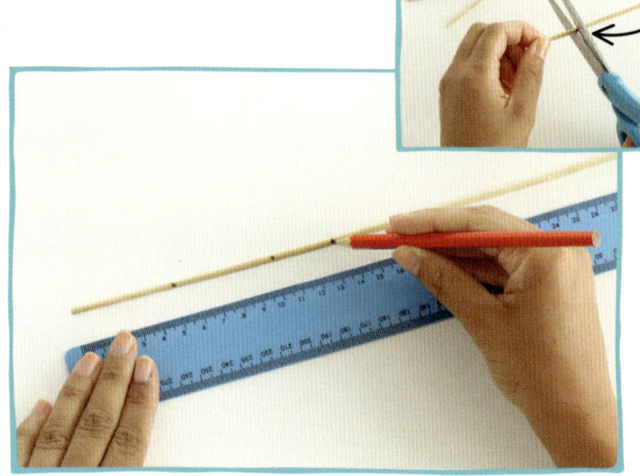

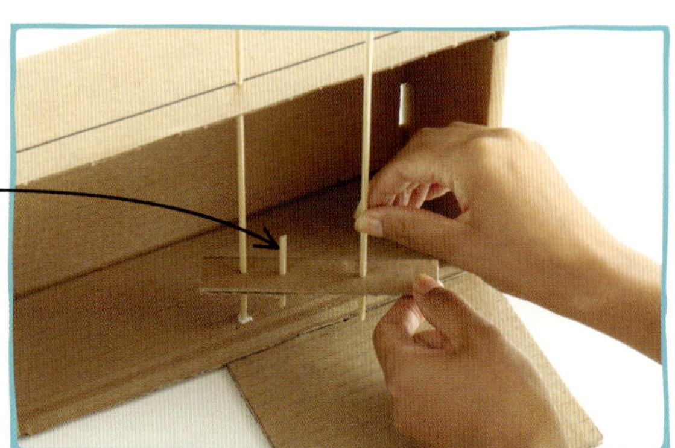

Das ist das 5-cm-Stück vom Spieß.

11 Markiere auf dem nächsten Spieß von einem Ende aus gemessen die Abstände 5 cm, 10 cm und 13 cm. Ritze den Spieß mit der Schere an jeder Markierung an und brich ihn dann an diesen Stellen vorsichtig auseinander.

12 Schiebe das 5 cm lange Stück durch das mittlere Loch. Schiebe einen kompletten Spieß durch das letzte freie Loch.

Die Kurbel wird später oben an diesem Spießstück angebracht.

Lass 6 cm Abstand zwischen Spieß und Stift.

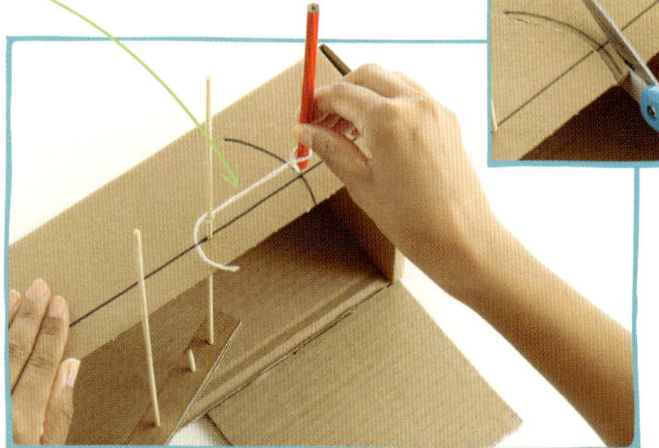

13 Nimm das 3 cm lange Spießstück und stecke es 10 cm entfernt vom dem langen Spieß, der durch die gesamte Schachtel geht, in den Boden. Klebe es dort fest.

14 Binde einen Bleistift an ein Stück Schnur und male damit einen 6-cm-Bogen vom langen Spieß aus. Schneide dann einen 1 cm breiten Schlitz entlang dieses Bogens.

Der Kreis sollte einen Durchmesser von 4 cm haben.

Pass beim Schneiden auf!

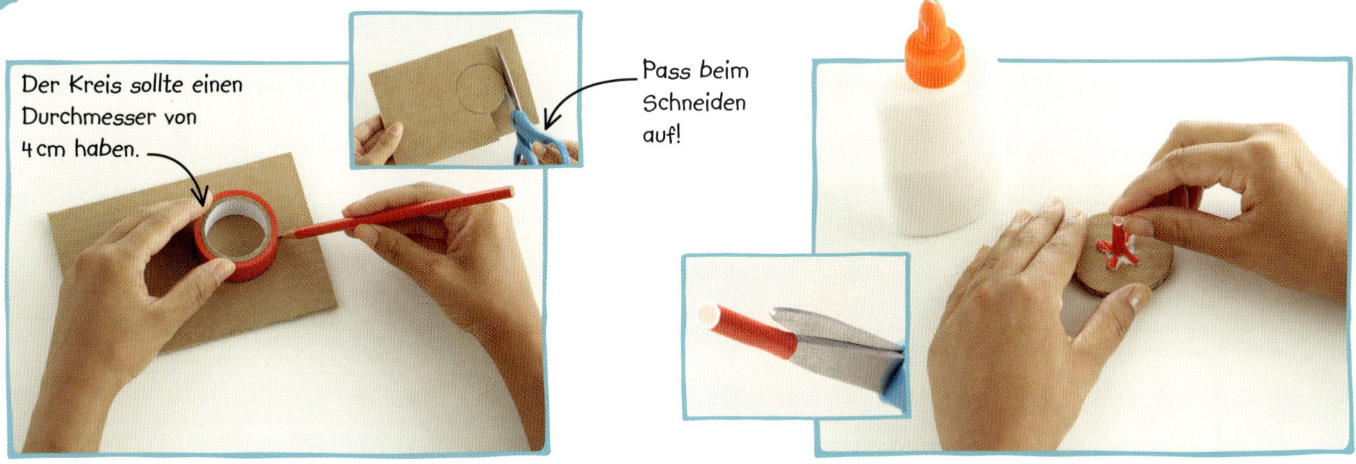

15 Zeichne für die Kurbel rechts im Automaten einen Kreis und schneide ihn aus. Benutze die Klebebandrolle als Schablone.

16 Schneide ein 4 cm langes Stück von dem Strohhalm ab und schneide auf einer Seite dieses Stücks vier Schlitze hinein. Biege die Streifen nach außen und klebe sie auf den Kreis.

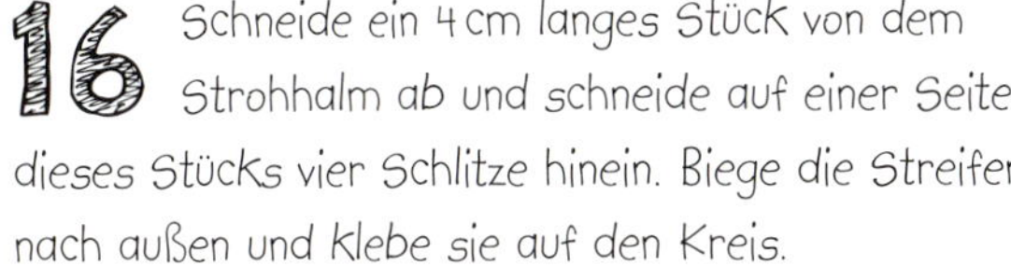

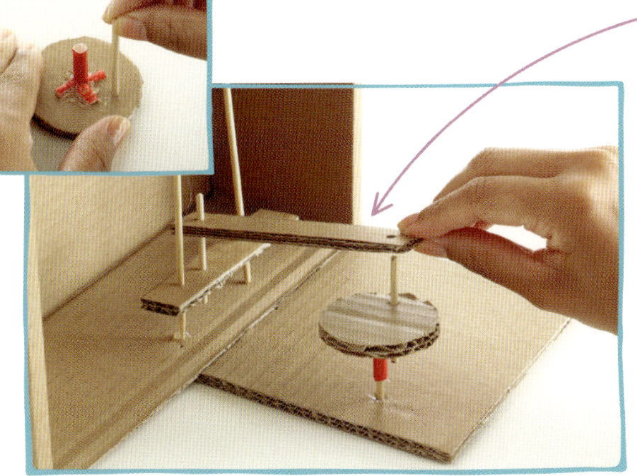

Das kleine Rechteck funktioniert wie ein Pleuel. Es wandelt die Drehbewegung in eine Vorwärts-Rückwärtsbewegung um.

17 Stecke das noch übrige 5 cm lange Holzspießstück zwischen Mitte und Rand in die Kurbelscheibe. Drehe die Kurbelscheibe um und stülpe den Strohhalm über das kurze Spießstück in der Basis. Verbinde anschließend mit dem kleinen aus Schritt 9 noch übrigen Rechteck die beiden kurzen Spießstücke, wie im Bild zu sehen.

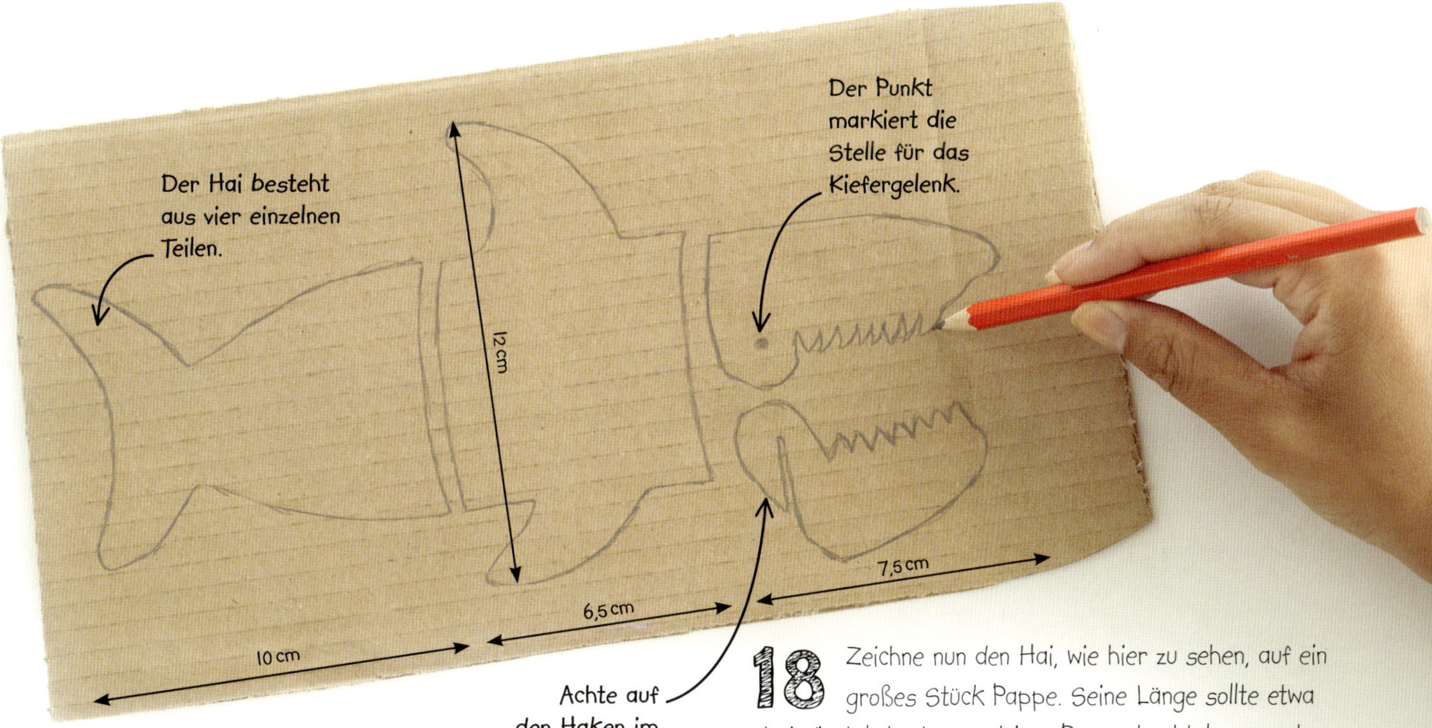

Der Hai besteht aus vier einzelnen Teilen.
Der Punkt markiert die Stelle für das Kiefergelenk.
12 cm
10 cm
6,5 cm
7,5 cm

Achte auf den Haken im Unterkiefer.

18 Zeichne nun den Hai, wie hier zu sehen, auf ein großes Stück Pappe. Seine Länge sollte etwa drei Viertel der Länge deiner Pappschachtel ausmachen. Schneide die Einzelteile aus.

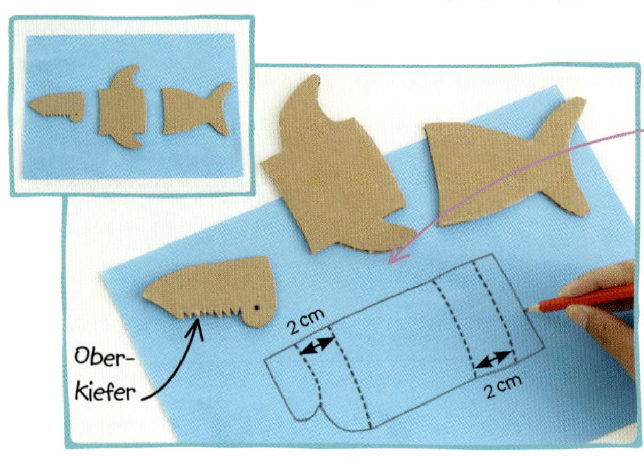

Der Fotokarton sorgt für die Beweglichkeit, wenn der Hai an den Spießen befestigt ist.

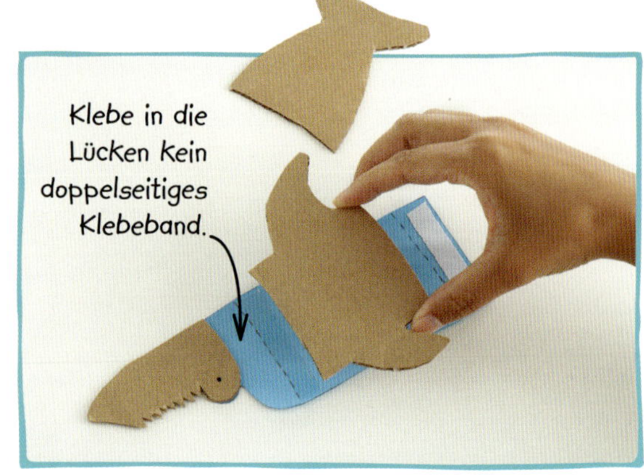

Klebe in die Lücken kein doppelseitiges Klebeband.

19 Lege die Einzelteile des Hais mit je 2 cm Abstand auf den bunten Karton. Zeichne die Grundform des Körpers und die Lücken als Vierecke ein und verbinde sie, wie hier zu sehen.

20 Schneide die Gesamtform aus dem Karton aus. Klebe die Einzelteile des Hais mit doppelseitigem Klebeband auf den Karton. Lass die beiden 2-cm-Lücken zwischen Kiefer, Rumpf und Schwanz frei.

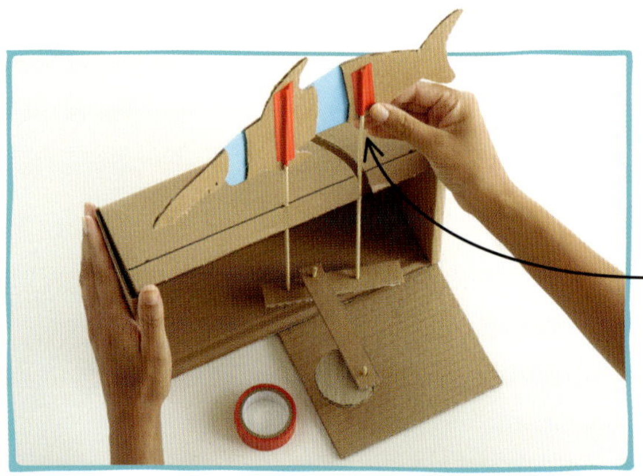

Klebe die Spieße mit farbigem Klebeband am Hai fest.

21 Mit dem Klebeband klebst du den Rumpf und den Schwanz an den beiden Spießen, die oben aus der Box herausstehen, fest.

22 Jetzt brauchst du noch eine Wand, um den Automaten in zwei Bereiche zu teilen. Hierfür musst du ein Rechteck ausschneiden, das so tief und so hoch ist wie deine Schachtel.

Hierher kommt später der Mechanismus für den Kiefer.

Diese Scheibe wirkt wie eine Nocke – eine Vorrichtung, die eine Drehbewegung in eine Auf- und Abbewegung umwandelt.

Der Kreis muss einen Durchmesser von 3,5 cm haben.

23 Klebe das Rechteck mit 9 cm Abstand zur linken Seite der Schachtel fest. Achte darauf, dass der Mechanismus rechts nicht gestört wird und alle Bewegungen frei funktionieren.

24 Für den Mechanismus auf der linken Seite musst du einen kleinen Kreis auf Pappe zeichnen und ausschneiden. Verwende die Innenseite der Klebebandrolle als Schablone.

25 Lege die Schachtel auf die rechte Seite und zeichne oben zwei diagonale Linien. Schiebe einen Holzspieß mit der Spitze durch den Schnittpunkt der beiden Diagonalen.

Damit die Nocke funktioniert, darf der Spieß nicht mittig in der Scheibe platziert werden.

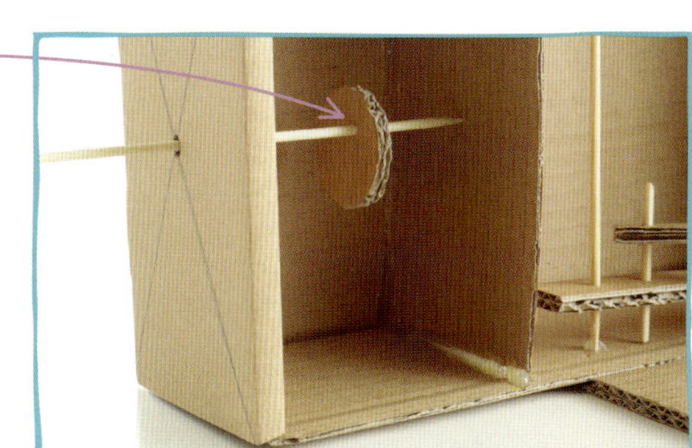

26 Lege die Schachtel wieder auf ihre Basis und schiebe den Spieß durch die Kreisscheibe, etwa 1 cm von deren Rand entfernt. Drücke den Spieß nun vorsichtig in die Pappwand.

27 Schneide ein 4 cm x 6 cm großes Rechteck aus einem Stück Pappe und falte es längs in der Mitte.

Die Nocke bewirkt die Auf- und Abwärtsbewegung der Schubstange.

28 Schiebe einen Spieß durch die Mitte des Rechtecks, sodass nur ein kleines Stück auf der anderen Seite herausschaut. Klebe ihn mit Kleber fest und warte, bis alles getrocknet ist.

29 Drücke mit der Bleistiftspitze ein Loch etwa mittig des Oberkiefers in die vorgezeichnete Linie auf der Box. Stecke ein 5 cm langes Stück Strohhalm von oben durch das Loch und schiebe die Schubstange von unten in den Halm.

Diese kleine Scheibe verhindert, dass der Unterkiefer wackelt.

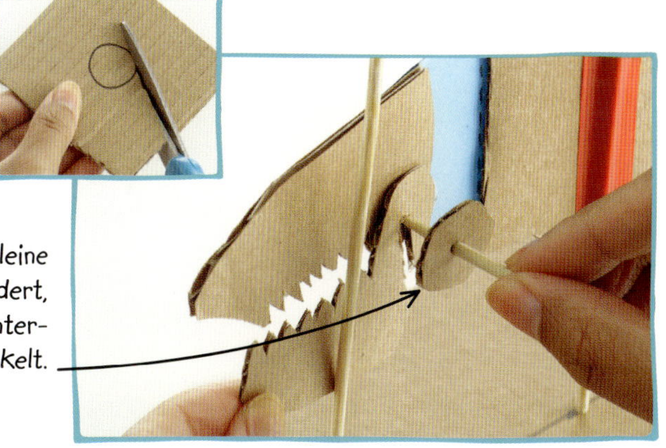

30 Schneide für das Kiefergelenk einen Kreis mit 2 cm Durchmesser aus. Schiebe ein kurzes Stück von einem Spieß durch seine Mitte und durch den Punkt im Oberkiefer. Hake nun den Unterkiefer zwischen Scheibe und Oberkiefer ein.

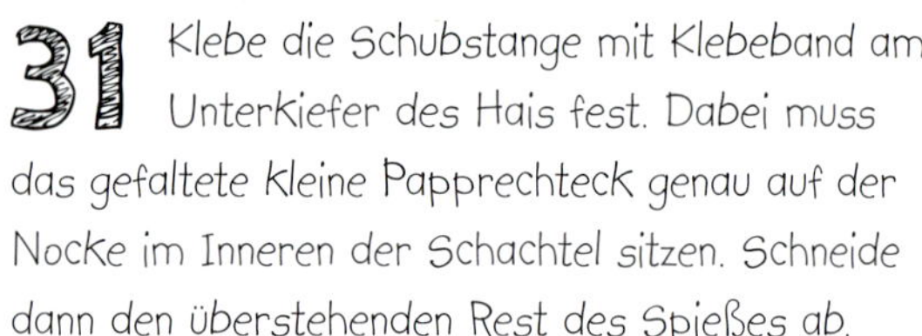

31 Klebe die Schubstange mit Klebeband am Unterkiefer des Hais fest. Dabei muss das gefaltete kleine Papprechteck genau auf der Nocke im Inneren der Schachtel sitzen. Schneide dann den überstehenden Rest des Spießes ab.

32 Zur Dekoration kannst du einen kleinen Pappfisch ausschneiden, auf eine aufgebogene Büroklammer kleben und das andere Ende der Klammer oben in die Schachtel stecken.

33 Jetzt fehlt deinem Automaten nur noch ein bisschen Farbe. Wenn du am Spieß ganz links drehst, bewegt sich der Kiefer des Hais auf und ab. Drehst du am Griff rechts, bewegt sich der Schwanz hin und her.

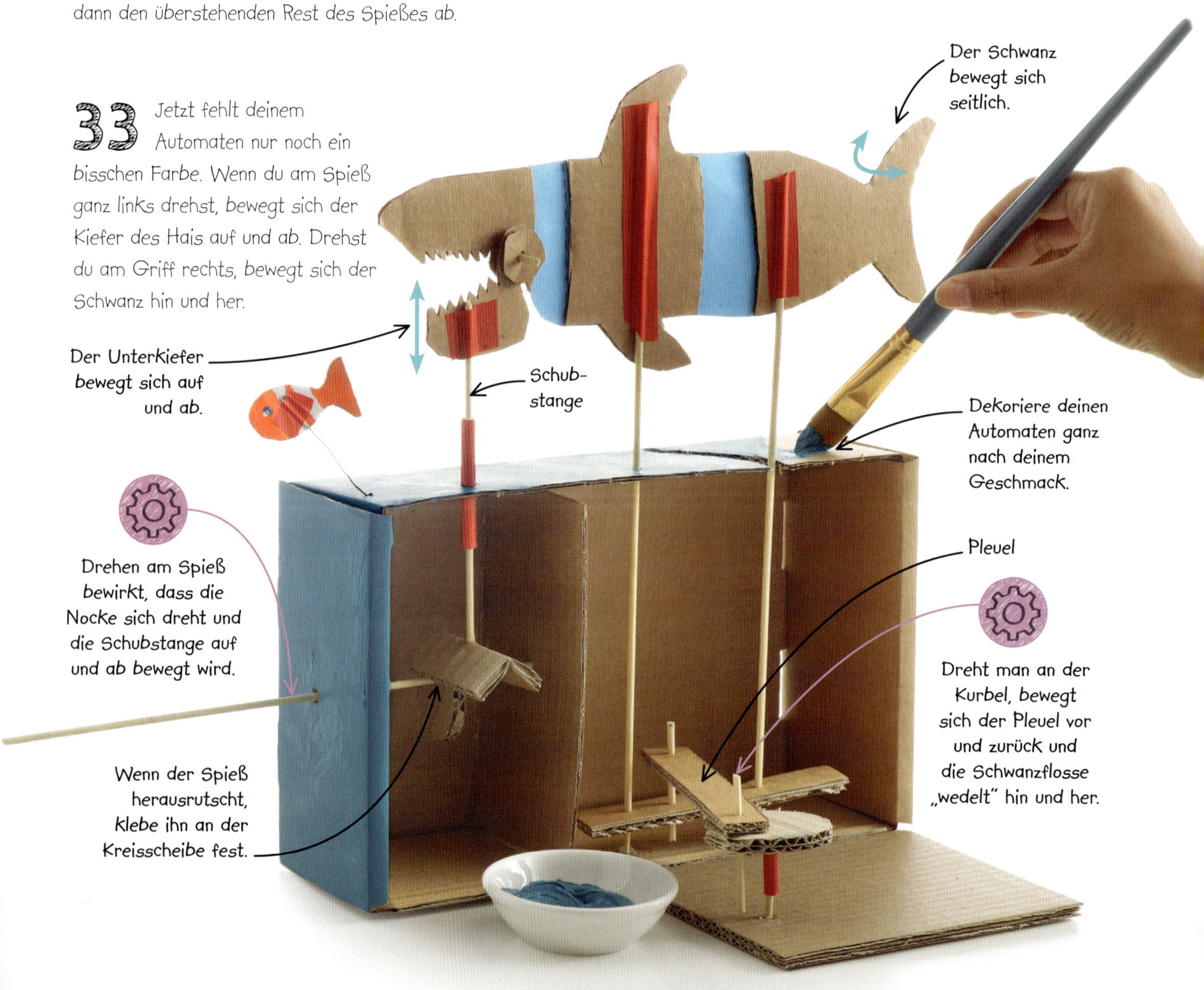

Der Schwanz bewegt sich seitlich.

Der Unterkiefer bewegt sich auf und ab.

Schubstange

Dekoriere deinen Automaten ganz nach deinem Geschmack.

Drehen am Spieß bewirkt, dass die Nocke sich dreht und die Schubstange auf und ab bewegt wird.

Pleuel

Dreht man an der Kurbel, bewegt sich der Pleuel vor und zurück und die Schwanzflosse „wedelt" hin und her.

Wenn der Spieß herausrutscht, klebe ihn an der Kreisscheibe fest.

SO FUNKTIONIERT'S

Wenn man den linken Spieß dreht, dreht sich die Nocke: die Kreisscheibe aus Pappe, die auf dem Spieß steckt. Die Nocke drückt gegen ein gefaltetes Rechteck aus Pappe und die Schubstange wird auf und ab bewegt. Die Drehbewegung wird also in eine Auf- und Abbewegung umgesetzt. Auf der rechten Seite ist die Kreisscheibe mit einem Pleuel verbunden. Dreht man an der Kurbel, so wird der Pleuel ebenfalls bewegt und löst die Schwenkbewegung des Schwanzes aus. Eine Kurbelwelle kann mithilfe eines Pleuels eine Drehbewegung in eine Hin- und Herbewegung umsetzen und umgekehrt.

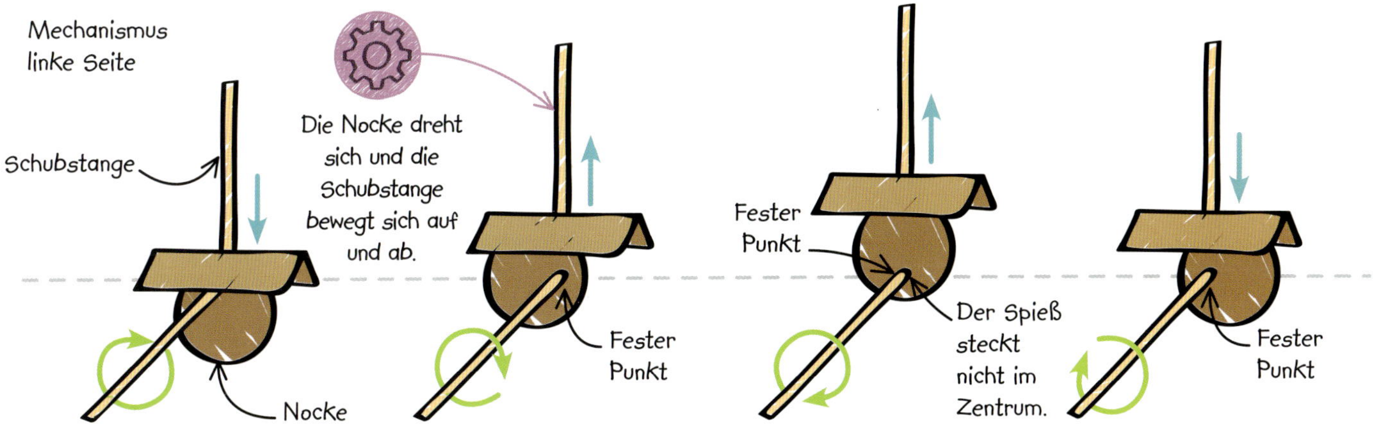

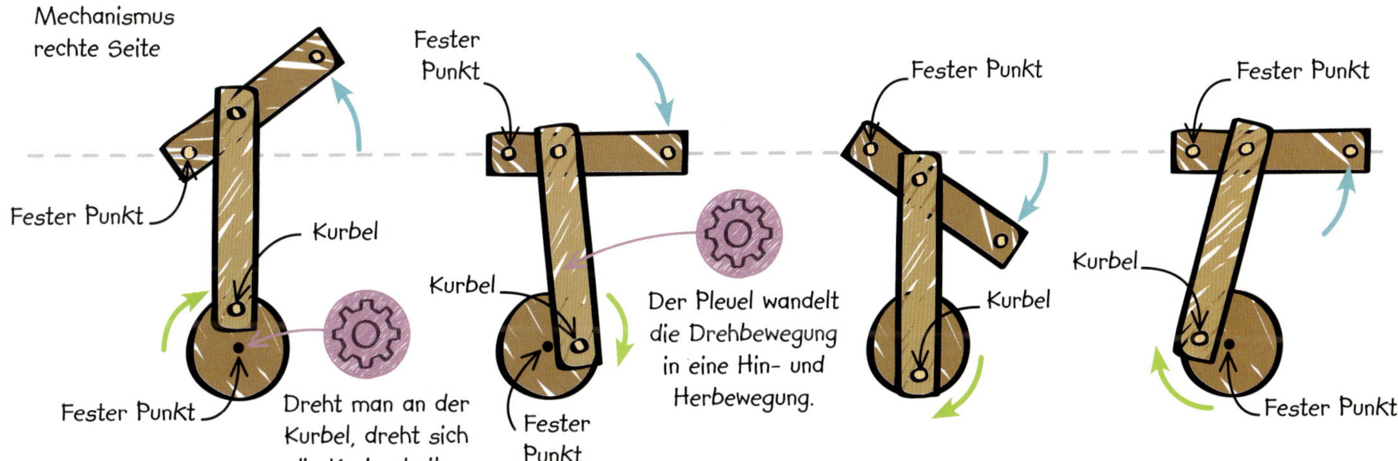

IN DER PRAXIS
VERBRENNUNGSMOTOR

Kurbelwellen und Nockenwellen sind wesentliche Bestandteile fast aller Motoren. Kolben bewegen sich innerhalb des Motors auf und ab, über Pleuel wird diese Bewegung in eine Drehbewegung umgesetzt, die schließlich die Räder antreibt. Über die Nocken der Nockenwelle werden die Ein- und Auslassventile geöffnet und geschlossen, über die der Kraftstoff in den Motor gelangt und das Abgas wieder hinausgesaugt wird.

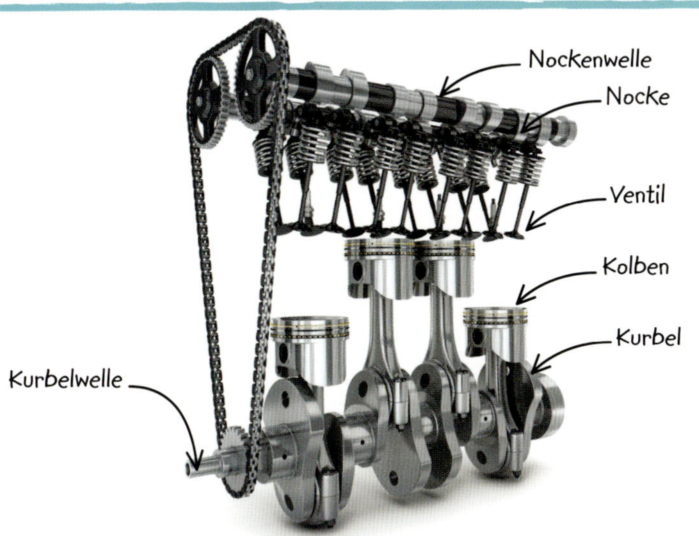

FLÜSSIG-KEITEN UND REAKTIONEN

Die Eigenschaften ganz alltäglicher Flüssigkeiten wie Wasser und Öl verraten dir eine Menge über Naturwissenschaften. In diesem Kapitel verwandelt sich eure Küche in ein kleines Labor. Du wirst herausfinden, wie du Flüssigkeiten kühl oder warm halten kannst, und du experimentierst mit Dingen, die in jedem Haushalt zu finden sind wie zum Beispiel Essig und Salz. Du kreierst sogar deinen eigenen Raumduft und lernst dabei die wissenschaftlichen Grundlagen von Duftstoffen kennen.

ISOLIERSCHICHTEN

ÖL-HANDSCHUH

Im Eismeer zu baden, ist keine gute Idee: Dein warmer Körper würde ganz schnell auskühlen. Eine Möglichkeit, es länger auszuhalten und die Körperwärme langsamer zu verlieren, ist ein Gummianzug, der eine Schicht aus Öl oder Fett enthält. Ein solcher Anzug würde genauso funktionieren wie die dicke Fettschicht, die Wale, Delfine und Robben vor der eisigen Kälte schützt. Stoffe, die vor Kälte schützen, heißen Isolier- oder Dämmstoffe.

SO ENTSTEHT EIN ÖL-HANDSCHUH

Bei diesem Experiment tauchst du deine Hand in eiskaltes Wasser, allerdings wird sie dabei von einer dicken Ölschicht vor Kälte geschützt. Dafür brauchst du einen doppellagigen Spezialhandschuh, den du aus zwei Gefrierbeuteln bastelst. Wenn du mit dem Experiment fertig bist, entsorge das Öl unbedingt im Mülleimer und nicht im Spülbecken!

DU BRAUCHST:

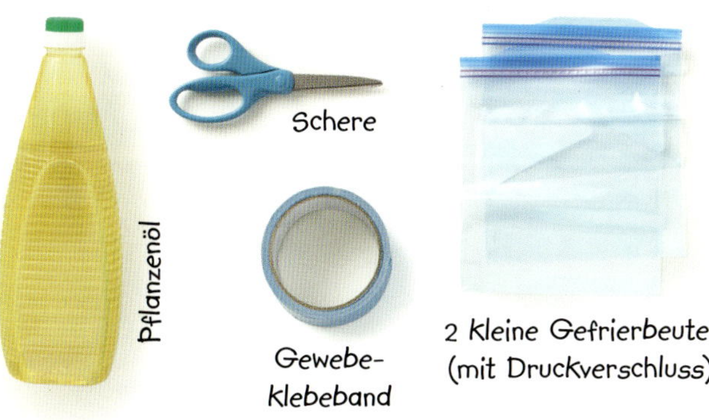

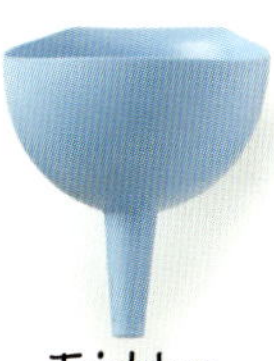

1 Stülpe einen der beiden Gefrierbeutel um, indem du hineingreifst und das Innere komplett nach außen ziehst. Ziehe den Beutel glatt.

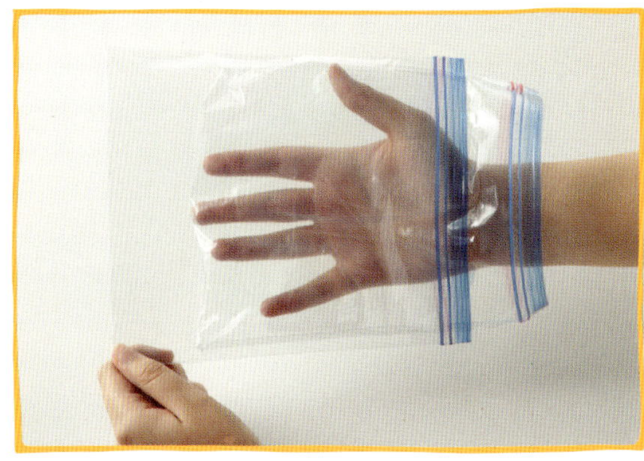

2 Stecke deine Hand in den umgestülpten Beutel und platziere ihn in dem anderen Beutel. Der Druckverschluss des inneren Beutels schaut nach außen, der des äußeren nach innen.

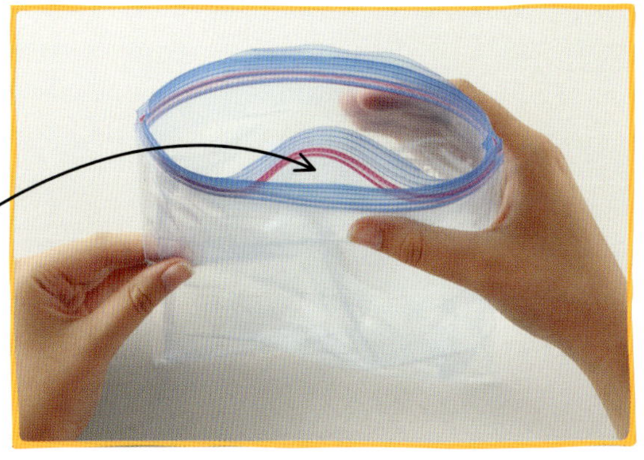

3 Drücke die beiden Druckverschlüsse aneinander, sodass die Beutel am Rand zusammenhängen. Lass eine kleine Lücke offen.

4 Klebe das Gewebeklebeband über die zusammengedrückten Verschlüsse, klappe es um und klebe es von der anderen Seite ebenfalls dagegen. Achte darauf, dass die Lücke noch frei bleibt.

Lass dir helfen, wenn es zu schwierig ist, die Beutel, den Trichter und die Ölflasche gleichzeitig zu halten.

5 Stecke die Tülle des Trichters in die Lücke zwischen den beiden Beuteln. Gieße vorsichtig so viel Öl hinein, dass der äußere Beutel etwa zu zwei Dritteln voll ist.

Gewebe-Klebeband (auch „Duct Tape" genannt) ist ein sehr starkes, wasserdichtes Klebeband.

6 Drücke nun das letzte Stück des Druckverschlusses zusammen und klebe ein weiteres Stück Klebeband über diese Stelle.

7 Stecke eine Hand in das Eiswasser und stoppe die Zeit. Ziehe die Hand wieder heraus, wenn die Haut abgekühlt ist. Stecke deine Hand auf keinen Fall zu lange ins Eiswasser!

8 Warte eine Weile, bis deine Hand wieder auf Normaltemperatur aufgewärmt ist und stecke sie dann in deinen Handschuh. Tauche sie nun mit dem Handschuh in das Eiswasser. Stoppe die Zeit, wie lange du es jetzt aushältst. Vergleiche die Zeit mit der, die du in Schritt 7 gemessen hast.

Die chemischen Komponenten des Pflanzenöls nennt man „Fette". Auch die dicke Schicht von Walen, Delfinen und Robben besteht aus Fetten.

Pass auf, dass kein Wasser von oben in den Handschuh läuft!

NOCH EINE IDEE

Die Nervenenden in deiner Haut lassen dich Kälte und Wärme spüren. Sie messen nicht die tatsächliche Temperatur, sondern spüren Verlust und Zunahme von Wärme. Probiere es aus.

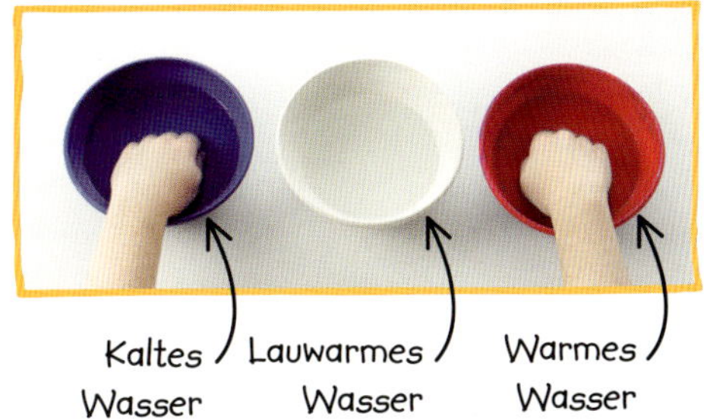

1 Fülle in eine Schüssel kaltes Wasser, in eine zweite lauwarmes Wasser und in eine dritte warmes Wasser. Lege die eine Hand für ein paar Sekunden in kaltes Wasser, damit sie abkühlt, und die andere in warmes Wasser, damit sie wärmer wird.

2 Dann lege beide Hände in das lauwarme Wasser Die Hand, die zuvor im kalten Wasser war, wird das lauwarme Wasser als warm empfinden. Die Hand, die zuvor im warmen Wasser war, wird es als kühl empfinden.

SO FUNKTIONIERT'S

Wenn du deine Hand ins Eiswasser hältst, wird über die Haut Wärme an das Wasser abgegeben. Du fühlst die Kälte innerhalb von Sekunden. Verwendest du aber den Öl-Handschuh, so geht die Wärme aufgrund der schützenden Ölschicht viel langsamer verloren. Stoffe, die den Wärmeverlust aufhalten, nennt man Dämmstoffe oder auch Isolierstoffe. Luft ist ebenfalls ein guter Dämmstoff. Wollpullover enthalten viel Luft zwischen den Fasern, deshalb halten sie an kalten Wintertagen gut warm.

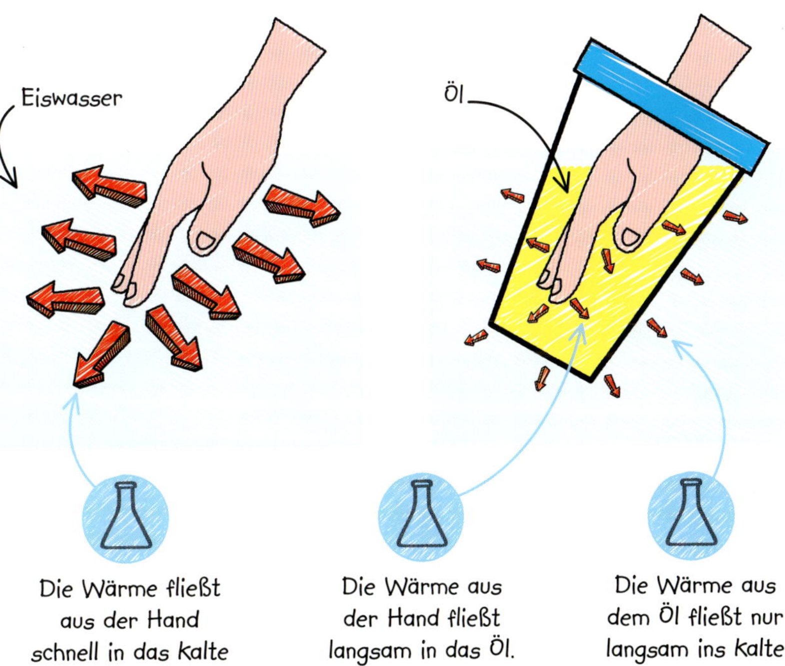

IN DER PRAXIS
FETTSCHICHT BEI TIEREN

Wale, Delfine und Robben sind Säugetiere und damit warmblütig. Um in den eisigen Temperaturen der Arktis oder Antarktis überleben zu können, haben diese Tiere eine dicke Unterhautfettschicht. Man nennt diese Schicht auch Blubber. Der Blubber verlangsamt den Wärmeverlust des Körpers – die Schicht ist beim Blauwal 30 cm dick.

WÄRMEAUSTAUSCH

THERMOS-FLASCHE

Beim Picknick an heißen Tagen ist es eine Wohltat, ein kühles Getränk dabei zu haben. In einer normalen Flasche bleibt keine Flüssigkeit kühl, denn Sonne und warme Luft heizen Flasche und Inhalt nach und nach auf. Für solche Fälle braucht man eine Thermosflasche. Sie reduziert den Wärmeaustausch, sodass warme Getränke länger warm und kalte Getränke länger kalt bleiben.

SO BASTELST DU EINE
THERMOSFLASCHE

Deine Thermosflasche wird aus zwei Flaschen bestehen – einer Glasflasche für das Getränk im Inneren und einer größeren Plastikflasche. Die Flaschen müssen dazu die geeignete Größe haben. Wichtig ist, dass die Glasflasche etwas kleiner ist als die Plastikflasche, damit zwischen beiden eine Lücke bleibt.

DU BRAUCHST:

1 Steche mit der Schere 1 cm unterhalb des Deckels vorsichtig ein Loch in den Hals der Plastikflasche. Dann schneide den oberen Teil der Flasche ab. Du kannst auch einen Erwachsenen um Hilfe bitten.

2 Schneide die Flasche in der Mitte durch. Zum Schluss hast du drei Teile: den oberen Teil mit Deckel, den mittleren Teil und die untere Hälfte der Flasche.

3 Drücke einen Klumpen Klebemasse auf den Flaschendeckel und befestige den Deckel dann umgedreht auf dem Boden der Plastikflasche.

4 Schneide ein 30 cm langes Stück Alufolie ab und wickle es um die Glasflasche – auch um den Boden, sodass kein Glas mehr zu sehen ist.

5 Stelle die Glasflasche auf den umgedrehten Deckel im Boden der Plastikflasche. Stülpe die obere Hälfte der Plastikflasche über die Glasflasche und klebe die Hälften mit Klebeband zusammen.

6 Klebe den Flaschenhals der Plastikflasche oben am Hals der Glasflasche fest, um das Ganze abzudichten.

7 Um die Flasche auch oben zu isolieren, schneide ein 20 cm großes Stück von der Alufolie ab. Falte es längs in der Mitte und dann noch einmal längs, damit du ein dickes, langes Stück erhältst.

8 Wickle das dicke Folienstück um den Deckel der Glasflasche. Falls es nicht halten sollte, kannst du es mit einem kleinen Stück Klebeband befestigen.

9 Schütte etwas Eiswasser in ein Glas und stelle es beiseite. Drehe den Deckel von deiner Thermosflasche ab und fülle mithilfe des Trichters das Eiswasser aus dem Becher ein.

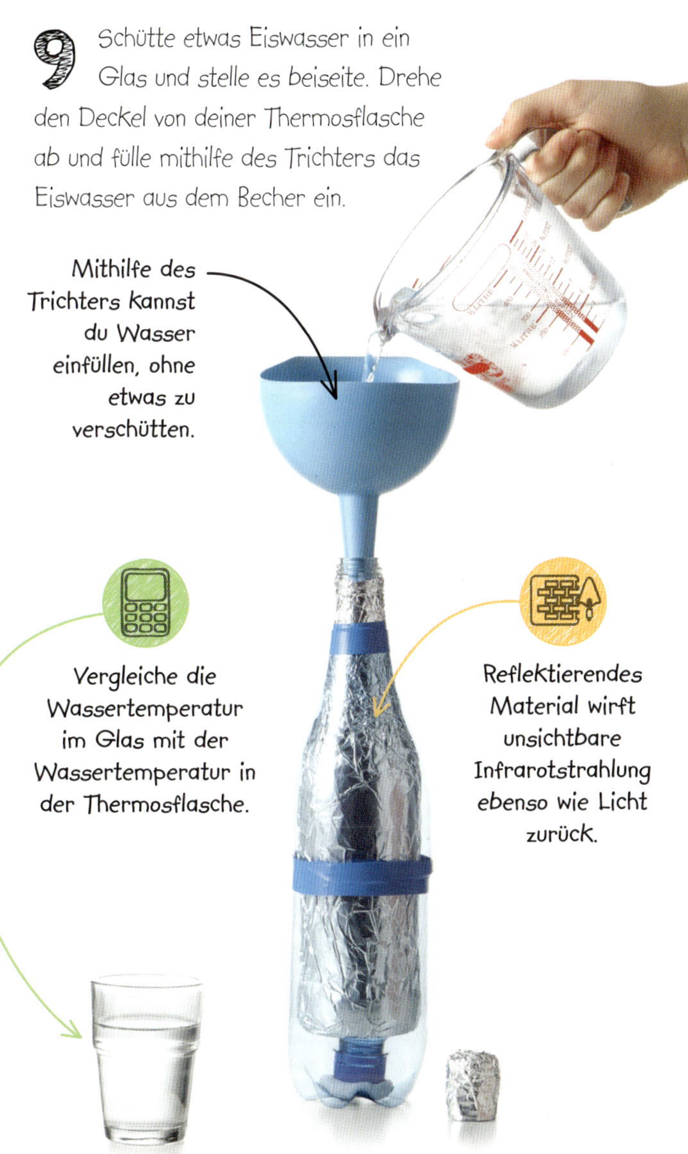

Mithilfe des Trichters kannst du Wasser einfüllen, ohne etwas zu verschütten.

Vergleiche die Wassertemperatur im Glas mit der Wassertemperatur in der Thermosflasche.

Reflektierendes Material wirft unsichtbare Infrarotstrahlung ebenso wie Licht zurück.

10 Schütte nach etwa einer Stunde das Wasser aus der Thermosflasche in ein zweites Glas. Vergleiche seine Temperatur mit der in dem Glas aus Schritt 9.

SO FUNKTIONIERT'S

Lässt du ein Glas Eiswasser bei Raumtemperatur stehen, wärmt es sich auf. Das geschieht auf zwei Arten: durch Wärmeaustausch und durch Strahlung. Wärmeaustausch findet statt, wenn zwei Stoffe unterschiedlicher Temperatur in Berührung stehen. Der Stoff mit der höheren Temperatur gibt Wärme an den anderen Stoff ab. Deine Thermosflasche reduziert den Wärmeaustausch in hohem Maße, denn der luftgefüllte Raum zwischen den beiden Flaschen isoliert das Eiswasser. Außerdem lenkt die Alufolie die Infrarotstrahlung ab. Luft und Folie schützen umgekehrt auch warme Flüssigkeiten vor dem Auskühlen.

Die natürliche Infrarotstrahlung des Sonnenlichts geht durch eine normale Plastikflasche hindurch, wird hier aber von der Folie reflektiert.

Der luftgefüllte Raum zwischen Glas- und Plastikflasche reduziert den Wärmeaustausch.

IN DER PRAXIS
THERMOSFLASCHE

Bei handelsüblichen Thermosflaschen wird die Luft zwischen innerer und äußerer Hülle abgesaugt, sodass ein Vakuum entsteht. Das Vakuum reduziert den Wärmeaustausch auf ein Minimum. Daher können in einer Thermosflasche sehr kalte Getränke ausgesprochen lange kalt und sehr heiße Getränke ausgesprochen lange heiß gehalten werden.

Vakuum

Innere Hülle

SAUGHEBER

BECHER DES PYTHAGORAS

Dieses Gefäß ist nach dem griechischen Mathematiker Pythagoras benannt, der vor rund 2000 Jahren lebte. Der angeblich von ihm erfundene Becher diente dazu, gierigen Personen, die sich zu viel Wein einschenkten, Bescheidenheit beizubringen. Wurde der Becher nämlich über einen bestimmten Punkt hinaus befüllt, lief sein gesamter Inhalt nach unten ab. Das funktioniert deshalb, weil Flüssigkeiten aus Bereichen mit höherem Druck in Bereiche mit niedrigerem Druck fließen, sobald eine Verbindung besteht.

SO BAUST DU EINEN

BECHER DES PYTHAGORAS

Der Versuchsaufbau ist ein wenig kompliziert, aber das überraschende Ergebnis ist die Mühe absolut wert. Folge einfach der Schritt-für-Schritt-Anleitung. Dieser Versuch funktioniert leider nur mit einigen Dingen aus Plastik. Bitte denke daran, das Plastik anschließend richtig zu entsorgen.

DU BRAUCHST:

1 Schneide die Plastikflasche etwa 7 cm unterhalb des Deckels ringsherum durch. Klebe scharfe oder unebene Kanten mit Klebeband ab.

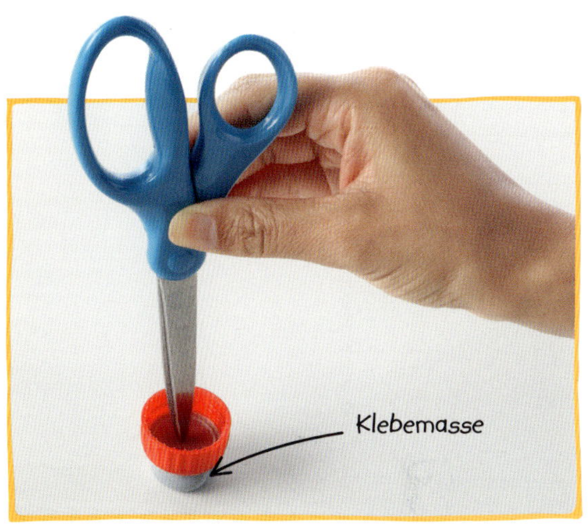

2 Drehe den Flaschendeckel ab und bohre mit der Schere vorsichtig ein Loch hinein. Lege Klebemasse unter, um die Tischplatte zu schützen.

3 Drücke die Klebemasse nun auf den Deckel und stich mit der Schere ein Loch hinein, und zwar genau über dem Loch im Deckel.

Das Gelenk ist links, du schneidest rechts.

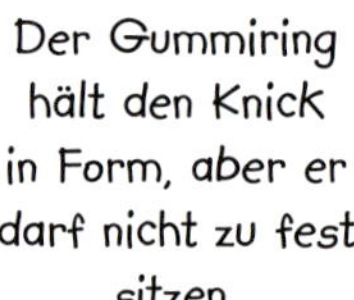

Der Gummiring hält den Knick in Form, aber er darf nicht zu fest sitzen.

4 Schneide etwa 2 cm von einem Ende des Strohhalms ab (nicht auf der Knickseite). Biege den Strohhalm am Knick um und fixiere die Biegung mehrmals mit dem Gummiring.

5 Drücke mit der Schere vorsichtig ein Loch in den Boden des Plastikbechers. Lege wieder etwas Klebemasse unter, um den Tisch zu schützen.

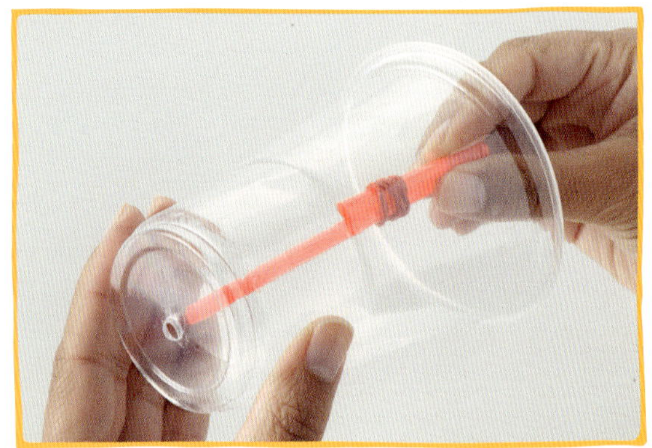

Klebemasse dient als Abdichtung.

6 Schiebe das lange Ende des gebogenen Strohhalms so durch das Loch, dass das gebogene Ende im Inneren des Bechers dicht über dem Boden sitzt.

7 Schiebe nun das lange Ende durch das Loch in der Klebemasse und durch den Plastikdeckel.

Die Masse dichtet die Öffnung ab.

8 Drücke die Masse vom Flaschendeckel am Becherboden fest. Drücke nun rund um den Strohhalm im Inneren des Flaschenhalses noch etwas zusätzliche Masse mithilfe des Bleistifts fest.

9 Gib etwas Lebensmittelfarbe in das Wasser. Stell den Becher in die Schüssel und gieße Wasser in den Becher.

Mit Lebensmittelfarbe kann man das Wasser besser erkennen.

Der obere Teil der Plastikflasche dient als Fuß des Pythagoras-Bechers.

10 Der Becher füllt sich, bis das Wasser oben am Strohhalm angekommen ist. Danach läuft das gesamte Wasser nach unten aus.

NOCH EINE IDEE

Probiere das Ganze mit zwei Knickstrohhalmen und zwei Gläsern (ein hohes, schlankes und ein kleines, breites). Stecke die Strohhalme ineinander. Fülle das hohe Glas mit Wasser und biege den Strohhalm so, dass das kurze Ende im hohen Glas steckt. Sauge das Wasser kurz am langen Ende an und hänge dieses Ende dann in das kleine Glas. Das Wasser läuft so lange ins kleine Glas, bis der Wasserstand im hohen Glas das untere Ende des Strohhalms erreicht hat.

SO FUNKTIONIERT'S

Wenn du den Becher nur bis knapp unterhalb der Biegung des Strohhalms mit Wasser füllst, steigt auch im Strohhalm das Wasser nur bis knapp unterhalb der Biegung an. Sobald du aber noch mehr Wasser zugießt, steigt das Wasser durch die Biegung und läuft vollständig nach unten aus. Der Druck im Inneren des Strohhalms bleibt niedriger als der Druck in der Umgebung des Strohhalms. Darum läuft das Wasser weiter ab. Dieser Effekt heißt Saughebereffekt.

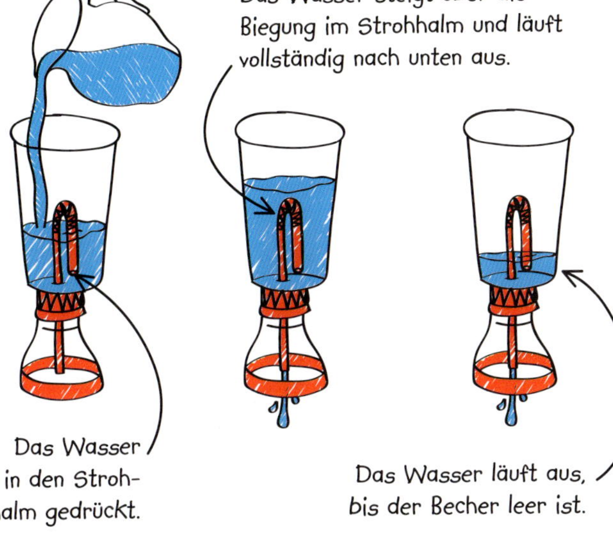

IN DER PRAXIS

TOILETTENSPÜLUNG

Leute, die in England Urlaub machen, wundern sich manchmal über die Toilettenspülung, die ganz anders ist als bei uns. Bei vielen Spülkästen dort wird nämlich das Wasser durch den Saughebereffekt zunächst in ein Rohr gezogen und fließt erst dann in die Toilette. Damit das klappt, muss man ziemlich kräftig auf den Hebel drücken.

VERDUNSTUNG

RAUMDUFT

Der Duft in Seifen und Parfums kommt von den zugesetzten ätherischen Ölen – das sind Konzentrierte Pflanzenextrakte (oder künstlich hergestellte Essenzen, die ähnlich duften). Sobald man wenige Tropfen ätherischen Öls in eine kleine Schale gibt, verbreitet sich der Duft im Raum. Die Moleküle des Öls verdunsten: Sie werden gasförmig. Wenn das Öl vollständig verdunstet ist, verschwindet der Duft wieder. In einigen Raumdüften sind die ätherischen Öle in einer gelartigen Substanz enthalten. So verdunsten sie langsamer und der Raum kann wochenlang beduftet werden.

Im Glas ist ein Gel, eine Substanz, die zwar flüssige Bestandteile enthält, aber dennoch ihre feste Form behält.

Du kannst dein Duftgel
auch mit einer Blüte
oder anderem Schmuck
verschönern.
Etwas Lebensmittelfarbe
lässt das Duftgel gleich
noch hübscher aussehen.

SO MACHST DU EINEN RAUMDUFT

Für dieses Experiment brauchst du ein Geliermittel, also dieselbe Zutat, die Köche zur Herstellung von Wackelpudding verwenden. Geliermittel können aus Karrageen, Pektin oder Gelatine bestehen. Du musst die Anleitung auf der Verpackung des Geliermittels genau befolgen, damit alles funktioniert. Außerdem brauchst du noch ein ätherisches Öl. Wähle dafür deinen (Lieblings-)Duft.

DU BRAUCHST:

1 Gib einen Teelöffel Geliermittel in das Schraubglas.

2 Schütte heißes Wasser dazu, sodass das Schraubglas zu zwei Dritteln gefüllt ist. Rühre mit dem Teelöffel vorsichtig um, bis das Geliermittel sich vollständig aufgelöst hat.

3 Gib ein paar Tropfen Lebensmittelfarbe hinzu und verrühre das Ganze mit dem Teelöffel.

4 Damit dein Gel schön duftet, füge nun ein paar Tropfen des ätherischen Öls hinzu und rühre noch einmal um.

Das Salz hindert Pilze und Bakterien am Wachstum.

5 Gib einen Teelöffel Salz hinzu und rühre so lange, bis es sich vollständig aufgelöst hat.

Im Kühlschrank wird die Mischung zu einem Gel.

6 Stelle die Mischung über Nacht in den Kühlschrank. Wenn es nach 2 bis 3 Wochen „verduftet" ist, entsorge das Gel über den Hausmüll. Das Glas kannst du auswaschen und wiederverwenden.

NOCH EINE IDEE

Wie schnell der Duft verdunstet, hängt von der Temperatur ab. Du kannst die Geschwindigkeit beeinflussen, indem du warme oder kalte Stellplätze auswählst. Wo ist der Duft am stärksten? Füge Blumen, Murmeln oder Kieselsteine hinzu, um das Ganze optisch aufzupeppen. Wenn du Blumen nimmst, solltest du das Gel allerdings schon nach einer Woche entsorgen, da es sonst muffig riecht.

SO FUNKTIONIERT'S

Geliermittel enthalten lange, kettenartige Moleküle: die Polymere. Werden sie in heißem Wasser aufgelöst und kühlen dann ab, verbinden sie sich zu einem Gel. Gele sind dreidimensionale Netze, in denen Wasser gebunden ist und die ihre Form behalten. Das ätherische Öl wird ebenfalls in die zähe, elastische Struktur eingebunden. Dadurch verdunstet das Öl wesentlich langsamer als ohne Gel. Dein Raumduft kann also längere Zeit verwendet werden.

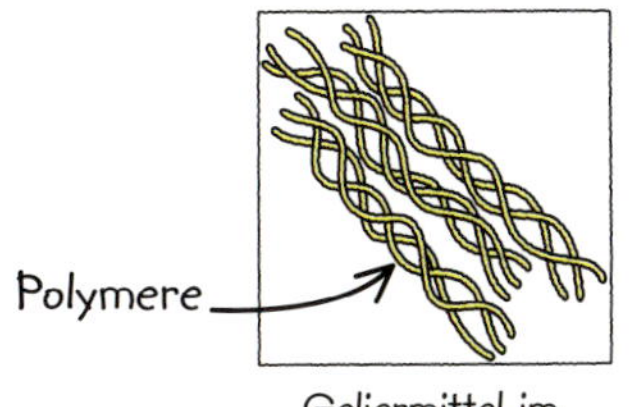

Geliermittel im trockenen Zustand

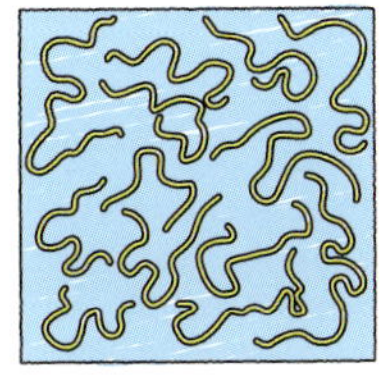

Aufgelöst in heißem Wasser

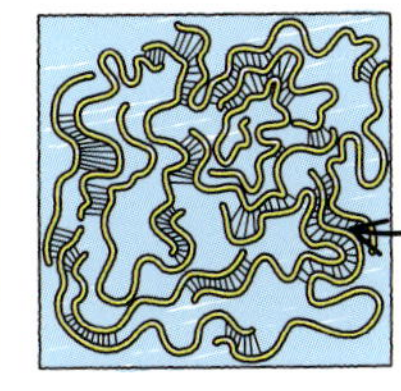

Nach dem Abkühlen

IN DER PRAXIS
KONTAKTLINSEN

Weiche Kontaktlinsen werden aus einem Gel hergestellt, das aus Wasser und Kunststoff besteht. Durch das Gel kann Sauerstoff an die Hornhaut gelangen. Das ist wichtig, weil die Hornhaut keine Blutgefäße hat, die sie mit Sauerstoff versorgen. Weiche Kontaktlinsen sind außerdem elastisch und daher angenehm zu tragen.

SÄURE-BASE-REAKTION

BLASENTURM

Jetzt wird eure Küche ein Chemie-Labor! Dieses Experiment ist im Wesentlichen eine chemische Reaktion zwischen zwei Substanzen: einer Säure (hier nimmst du Essig) und einer Base (hier Natriumhydrogencarbonat, kurz Natron, das zum Backen verwendet wird). Die Reaktion produziert Blasen, die in einer Flüssigkeit aufsteigen und wieder heruntersinken. Der Effekt ist noch beeindruckender, wenn du einen Indikator wie Rotkohlsaft verwendest. Indikatoren geben die Stärke einer Säure oder Base an, indem sie ihre Farbe ändern. In Säuren ist der Saft rot und in Basen blaugrün.

SO ENTSTEHT EIN BLASENTURM

Zuerst musst du den Indikator herstellen: Weiche Rotkohlstreifen in warmem Wasser ein. Gieße dann Essig hinzu und gib das Ganze in eine hohe Glasvase. Darin werden später all die schönen farbigen Blasen tanzen. Wenn du dein Experiment beendet hast, fülle die Flüssigkeit in eine alte Plastikflasche und entsorge das Ganze im Hausmüll. Schütte die Mischung auf keinen Fall in die Spüle oder ins Klo.

DU BRAUCHST:

1 Fülle die kleine Schüssel zur Hälfte mit warmem Wasser und schneide Rotkohlstreifen hinein. Lass das Ganze für etwa 10 Minuten ziehen, bis das Wasser eine violette Farbe angenommen hat.

2 Schütte die Mischung durch das Sieb in die große Schüssel und entsorge die Rotkohlstreifen über den Hausmüll.

3 Gib 50 ml der violetten Lösung in den Messbecher. Diese Lösung ist der Indikator.

Der Indikator ändert seine Farbe, wenn er mit säurehaltigen Substanzen in Berührung kommt.

4 Gib 50 ml Essig dazu. Schau genau hin: Die Lösung wird sofort pink! Das liegt an der Säure des Essigs.

5 Gib mit dem Löffel etwas Natron in die Vase. Der Boden muss komplett bedeckt sein.

Gieße das Öl langsam ein, damit das Natron nicht aufgewirbelt wird.

6 Gieße Öl in die Vase mit dem Natron. Das Gefäß sollte etwa zu zwei Dritteln gefüllt sein.

7 Schütte die pinke Essiglösung nun langsam in die Vase. Sobald der Essig mit dem Natron am Boden in Berührung kommt, steigen Blasen durch das Öl nach oben. Beobachte das Ganze ein paar Minuten lang. Während die Reaktion abläuft, ändern die Blasen ihre Farbe je nach dem Säuregehalt der Flüssigkeit, in der sie schwimmen.

Öl schwimmt oben, da es eine geringere Dichte hat als die Essiglösung.

Die chemische Reaktion zwischen der Säure und der Base lässt Kohlensäure-Bläschen entstehen.

NOCH EINE IDEE

Du kannst den Rotkohlsaft auch mit anderen Substanzen zusammenmischen und schauen, ob noch weitere Farben entstehen. Bitte einen Erwachsenen um Hilfe, denn einige Produkte, die harmlos aussehen, können Schaden anrichten, wenn sie herumspritzen. Besonders solltest du auf deine Augen aufpassen. Du darfst auch nie Haushaltsprodukte in den Mund nehmen! Mische den Rotkohlsaft z. B. mit Sprudelwasser, Limonade, Flüssigseife, Backpulver und Zitronensaft.

Haushaltsübliche Produkte

Wissenschaftler verwenden Indikatoren, um festzustellen, wie sauer oder basisch eine Lösung auf der pH-Skala von 0 bis 14 ist. Säuren haben einen pH-Wert von unter 7, Basen haben einen pH-Wert von über 7. Wasser ist „neutral", also weder sauer noch basisch, und hat einen pH-Wert von 7. Rotkohlsaft ist rot in Säuren, violett in neutralen Lösungen und blau-grün oder sogar grün in starken Basen.

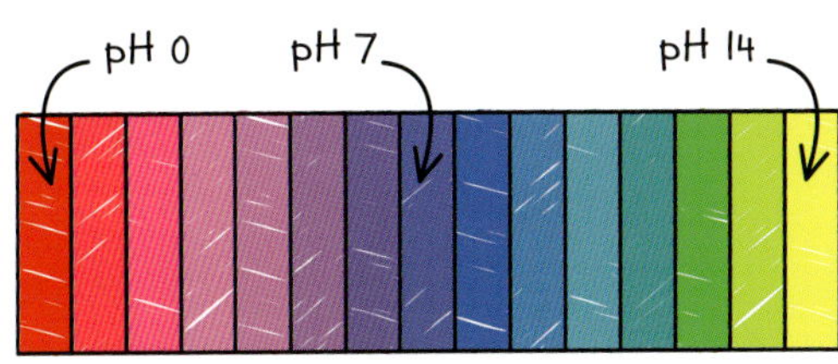

pH-Skala des Rotkohlsafts

SO FUNKTIONIERT'S

Die Essig-Lösung ist sauer und hat eine höhere Dichte als Öl. Daher sinkt sie auf den Grund, wenn sie ins Öl gegossen wird. Die Säure reagiert mit dem Natron und es entstehen Kohlensäurebläschen. Diese haben eine noch geringere Dichte als Öl und steigen deshalb auf. An der Oberfläche zerplatzen die Bläschen und der enthaltene Essig sinkt wieder ab. Die violette Farbe im Rotkohlsaft dient als Indikator, so nennt man eine Lösung, die ihre Farbe in Abhängigkeit von der Säurehaltigkeit der Umgebung verändert. Zuerst wird der Saft rot, sobald die Säure jedoch aufgebraucht ist, wird er blaugrün.

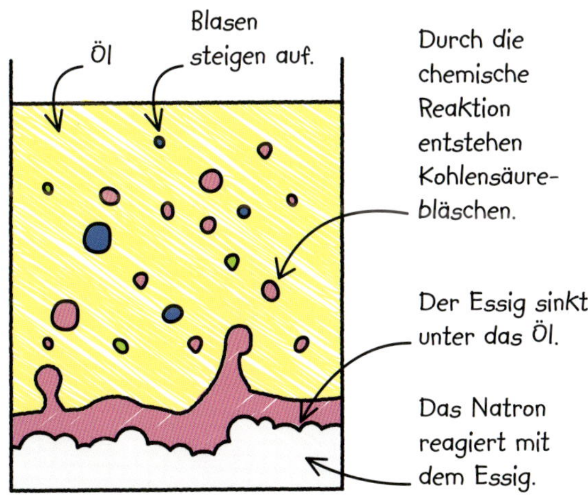

IN DER PRAXIS
BACKEN

Beim Kuchenbacken verwendet man Backpulver, das ist Natron vermischt mit einem Säuerungsmittel. Durch die Feuchtigkeit des Teigs und die Hitze beim Backen reagiert das Natron mit der Säure und es wird Kohlensäure freigesetzt. Durch die Bläschenbildung der Kohlensäure wird der Kuchen größer. Man sagt: „Er geht beim Backen auf."

VERKUPFERUNG

KUPFER-REAKTIONEN

Jetzt kannst du dein Labor in der Küche noch etwas ausbauen: Du brauchst nur Essig, Salz und einige Münzen mit einer Kupferummantelung sowie einen Stahlnagel. Dann kannst du eine erstaunliche chemische Reaktion beobachten: Die Münzen werden glänzend und glatt und der Nagel erhält einen Kupferüberzug und ändert seine Farbe.

Salz und Essig bringen die Münzen zum Glänzen.

Kupfer reagiert mit Salz und Säure: Eine blaugrüne Schicht (Kupferchlorid) entsteht.

Der Stahlnagel ist mit
Kupfer überzogen.
Die Kupfermünze reagiert
mit Salz und Essig. Eine
grüne Lösung entsteht.

SO ENTSTEHEN KUPFER-REAKTIONEN

Der Essig, den du in diesem Experiment benutzt, ist nur eine schwache Säure. Trotzdem solltest du darauf achten, dass nichts davon in deine Augen gelangt. Falls doch, spüle die Augen mit kaltem Wasser aus. Wenn du Essig und Salz verschüttest, wisch es sofort mit einem Papiertuch auf.

DU BRAUCHST:

EXPERIMENT 1 – SAUBERE MÜNZEN

1 Lege die Münzen in die Glasschüssel.

Die Münzen bestehen innen aus Stahl und sind außen mit Kupfer ummantelt.

2 Schütte so viel Essig in die Schüssel, dass die Münzen gut bedeckt sind. Die Essigsäure reagiert mit den Münzen.

3 Füge einen halben Teelöffel Salz hinzu und lass das ganze 10 Minuten stehen. Kochsalz besteht überwiegend aus Natrium und Chlor.

4 Die Münzen sind jetzt hell und glänzend. Nimm sie aus der Essig-Salz-Lösung und stell sie in einer Schüssel beiseite.

SO FUNKTIONIERT'S

Alle Materie besteht aus kleinen Bausteinen, den Atomen. Unterschiedliche Atome fügen sich zu chemischen Verbindungen zusammen. Bei einer chemischen Reaktion können Atome sich trennen, Partner wechseln und neue Verbindungen eingehen. Kupferummantelte Münzen sind glänzend, wenn sie neu sind, aber sie werden mit der Zeit matt und bräunlich, weil die Kupferatome mit den Sauerstoffatomen aus der Luft reagieren. Diese neue Verbindung heißt Kupferoxid. Die im Essig enthaltene Essigsäure spaltet sich nun und es entstehen positiv geladene Wasserstoffatome (Wasserstoffionen). Diese reagieren mit dem Kupferoxid der Münzen und lösen die bräunliche Schicht ab. Das Salz beschleunigt diese Reaktion. Zurück bleibt der reine, glänzende Kupfermantel.

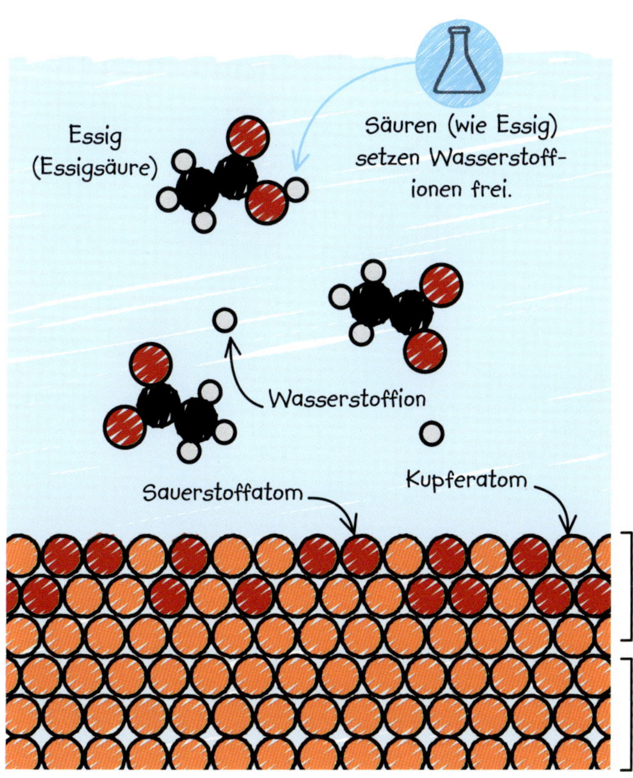

Frühes Stadium der Reaktion

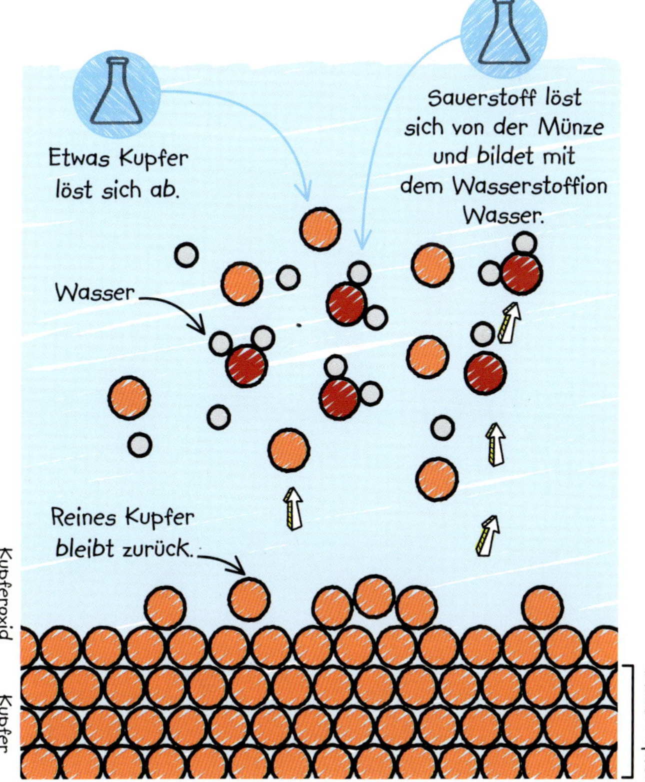

Späteres Stadium der Reaktion

EXPERIMENT 2 – VERKUPFERUNG

1 Verwende für das nächste Experiment die Lösung, die am Ende von Experiment 1 übrig bleibt. Lege den Stahlnagel in die Lösung.

2 Nach etwa 30 Minuten dürfte der Nagel die Farbe geändert haben. Das Kupfer aus den Münzen bedeckt nun den Nagel.

SO FUNKTIONIERT'S

Stahl besteht aus verschiedenen Elementen, hauptsächlich aber aus Eisen. Einige Eisenatome lösen sich von der Oberfläche des Nagels ab – und einige Kupferatome aus der Lösung (die ursprünglich von den Münzen stammen) heften sich an die Oberfläche des Nagels. Deshalb wird der Nagel kupferfarben.

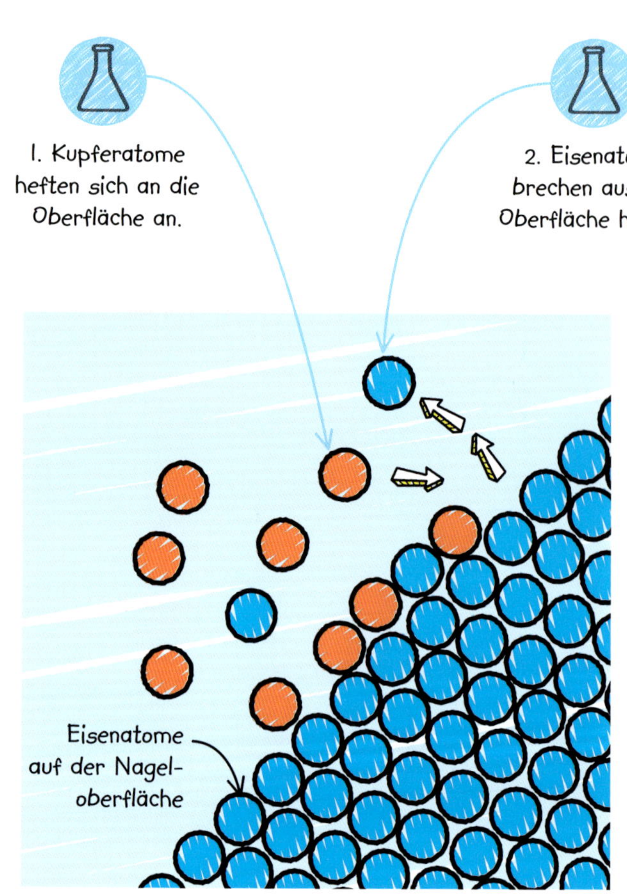

NOCH EINE IDEE

Das Spiel zwischen Essig, Salz und Kupfer kannst du noch genauer studieren, indem du die Lösungen länger stehen lässt. Rechts siehst du einige Zwischenstadien, die du dabei beobachten kannst.

1 Schütte 50 ml Essig in den Messbecher. Füge einen halben Teelöffel Salz hinzu und rühre, bis das Salz sich aufgelöst hat.

2 Lege eine Münze in ein Schraubglas und gib die Essig-Salz-Lösung dazu. Verschließe das Glas und lass es einige Tage stehen. Öffne den Deckel täglich, um etwas Luft hineinzulassen.

EXPERIMENT 3 – KUPFERCHLORID HERSTELLEN

1 Lege ein gefaltetes Blatt Küchenpapier in die Plastikschüssel und tränke es mit Essig.

2 Lege eine der Kupfermünzen in die Schüssel mit dem Essigtuch.

3 Streue mit dem Löffel Salz über die Münze, bis sie komplett bedeckt ist.

Das Kupfer reagiert mit den Chloratomen aus dem Salz und es entsteht das grüne Kupfer(II)-Chlorid.

4 Lass das Ganze 2 bis 3 Stunden stehen, dann siehst du eine grüne Kupferchloridschicht. Wenn du die Münze berührt hast, wasche die Hände.

SO FUNKTIONIERT'S

Wenn du eine Kupfermünze mit Salz und Essig länger stehen lässt, findet eine chemische Reaktion statt. Salz besteht aus Natrium und Chlor. Das Chlor reagiert mit dem Kupfer. Die chemische Verbindung Kupfer(II)-Chlorid entsteht. Diese Verbindung hat eine helle blaugrüne Farbe.

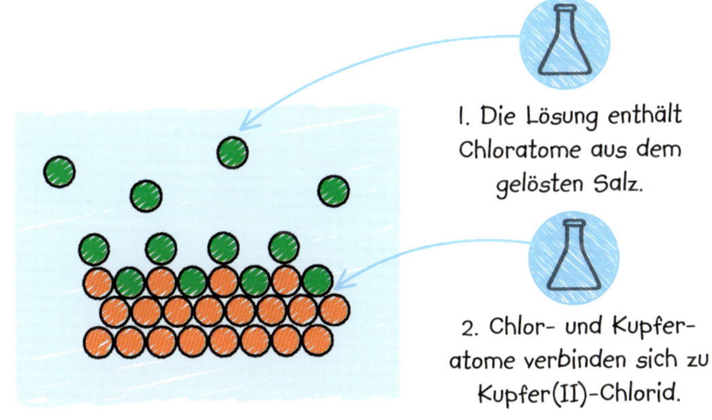

1. Die Lösung enthält Chloratome aus dem gelösten Salz.

2. Chlor- und Kupferatome verbinden sich zu Kupfer(II)-Chlorid.

Kupferatome verbinden sich mit den Chloratomen und es entsteht grünes Kupfer(II)-Chlorid.

Je mehr Zeit vergeht und je mehr Sauerstoff hinzugefügt wird, desto brauner wird die Lösung.

Zum Schluss ist die Lösung wieder farblos und ein bräunlicher Bodensatz aus Kupfer(II)-Oxid ist zu sehen.

FORMEN UND KONSTRUKTIONEN

Ein Bauwerk muss stark genug sein, um nicht einzufallen, und es muss zusätzlich alles tragen, was sich auf oder in ihm befindet. Was aber macht eine Konstruktion so stark, dass sie Lasten tragen kann, ohne zusammenzubrechen? Dies hängt von der Bauweise sowie den verwendeten Materialien und – ganz besonders – von der Form ab. In diesem Kapitel siehst du, wie du erstaunlich stabile Konstruktionen aus Papier, Sand und Strohhalmen herstellen kannst. Außerdem baust du hohe Türme aus Spaghetti und Marshmallows.

TRAGWERK UND STATIK

SPAGHETTI-TURM

Damit ein Turm stehen bleibt, muss er so stabil sein, dass er nicht unter seinem eigenen Gewicht zusammenbricht, und er braucht eine feste Basis. Dieser Spaghetti-Turm erhält seine Stabilität durch ein Tragwerk aus Dreiecken. Außerdem bewahrt ihn die große Grundfläche vor dem Umkippen.

Der Turm muss gerade stehen, sonst kippt er aufgrund der Schwerkraft um.

Dreiecke sind besonders formstabil und bilden eine festes Gerüst, auch Tragwerk genannt.

Der Hauptteil des Turms besteht aus zwei Würfelgerüsten, die zusammengesteckt werden.

Die Basis trägt das gesamte Gewicht.

SO ERRICHTEST DU EINEN

SPAGHETTI-TURM

Für dieses Projekt brauchst du nur drei Dinge: Spaghetti, Marshmallows und Willenskraft. Die Spaghetti bilden ein stabiles Tragwerk und die klebrigen Marshmallows halten die Spaghettienden an Ort und Stelle. Wenn du allerdings Marshmallows magst, brauchst du außerdem noch sehr viel Willenskraft, um dein Baumaterial nicht aufzuessen!

DU BRAUCHST:

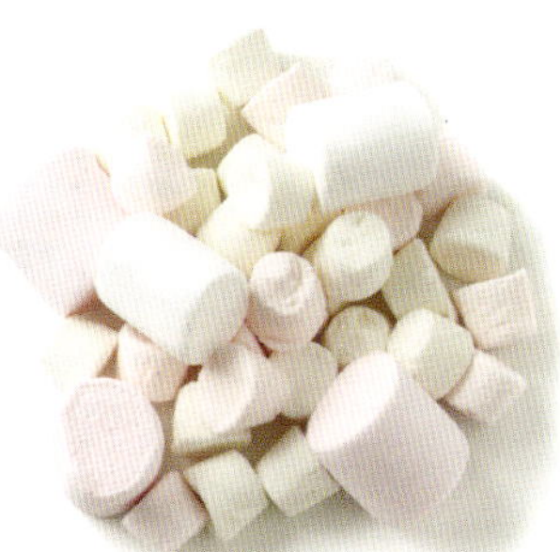

Marshmallows

Spaghetti

1 Baue zuerst ein Quadrat. Das Quadrat ist keine besonders stabile Form, denn wenn du von einer Seite leicht dagegen drückst, verbiegt es sich sofort zu einem Parallelogramm.

Die Marshmallows unten müssen auf ihrer flachen Seite stehen.

2 Baue ein Würfelgerüst. Drücke und schiebe ein bisschen daran herum: Du wirst merken, wie leicht es sich verbiegen lässt.

Wenn du die Marshmallows etwas nach innen schiebst, wird die Konstruktion stabiler.

3 Damit das Gerüst stabiler wird, brauchst du diagonale Elemente. Um diese einzubauen, schiebe zuerst die Marshmallows etwas nach innen, sodass die Enden der Spaghetti herausschauen.

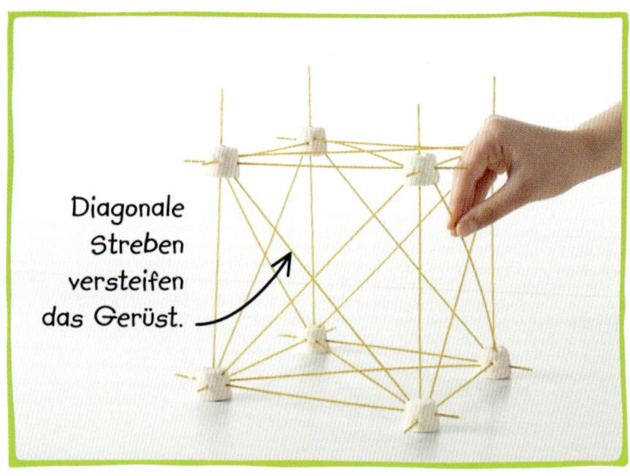

4 Füge an jeder der vier Seiten sowie oben und unten je zwei diagonale Streben ein.

Die Dreiecke, die jetzt entstanden sind, machen das Gerüst an den Seiten wesentlich stabiler.

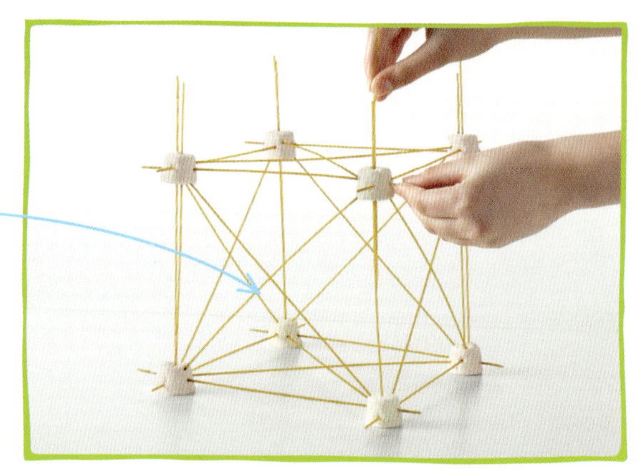

5 Schiebe an jeder Ecke je eine weitere Spaghettistange von oben durch die Marshmallows. Dadurch wird die Konstruktion noch stabiler.

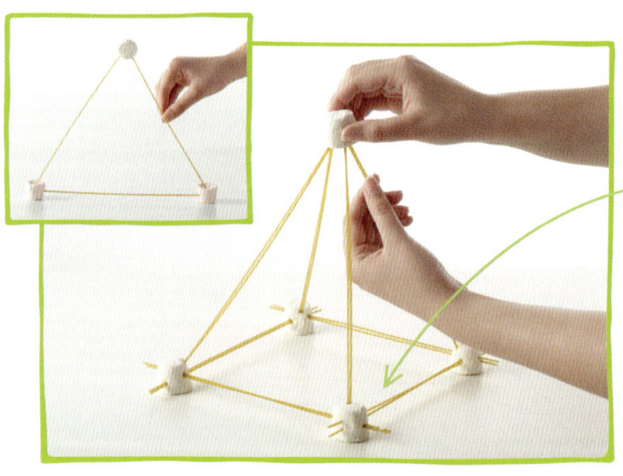

Das untere Quadrat des Dachs muss dieselbe Größe haben wie das Würfelquadrat.

6 Stell nun das Dach her. Beginne mit einem Dreieck, denn wie du schon gesehen hast, ist diese Form wesentlich stabiler als ein Quadrat. Errichte mit weiteren Spaghetti und Marshmallows ein Pyramidengerüst mit quadratischer Grundfläche.

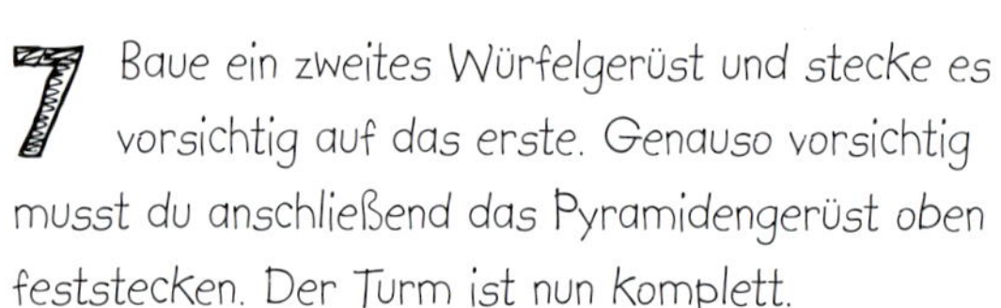

7 Baue ein zweites Würfelgerüst und stecke es vorsichtig auf das erste. Genauso vorsichtig musst du anschließend das Pyramidengerüst oben feststecken. Der Turm ist nun komplett.

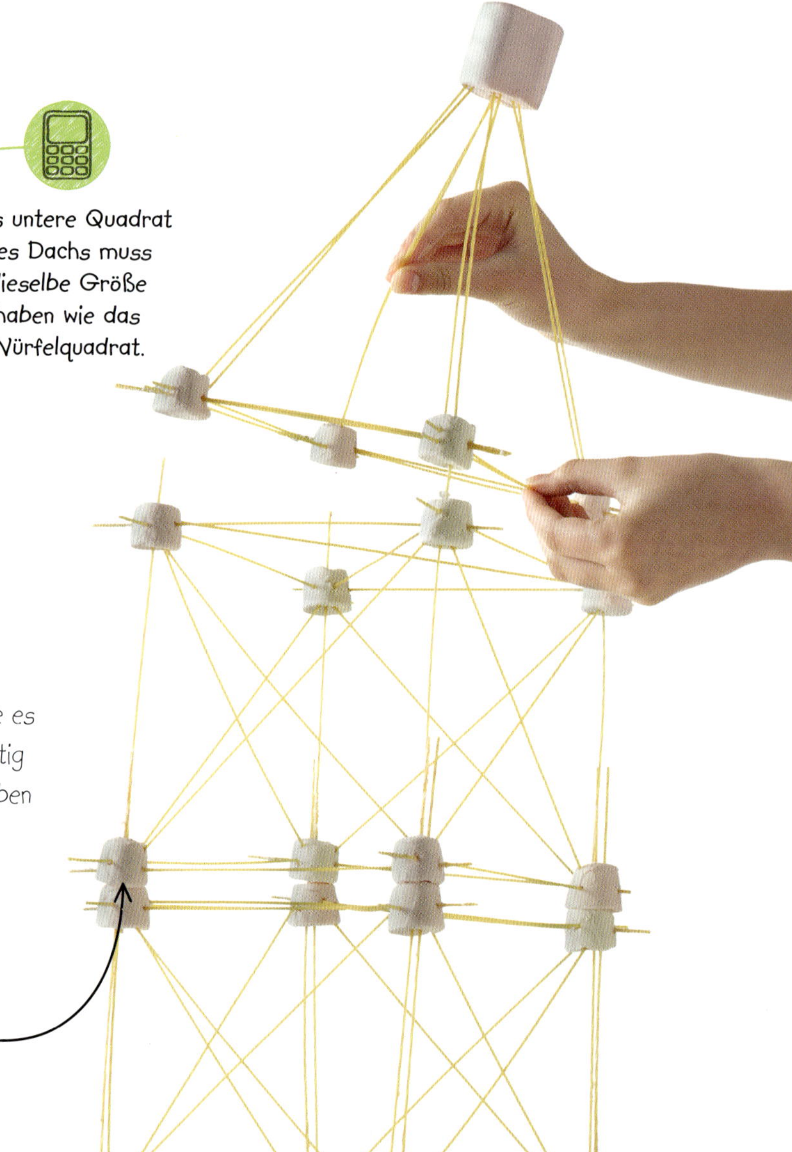

Stecke die Marshmallows des oberen Gerüsts auf die überstehenden Enden.

NOCH EINE IDEE

Jetzt kennst du die Technik des Spaghetti-Turmbaus. Hast du Lust, weitere Formen auszuprobieren? Du könntest zum Beispiel eine große Pyramide bauen. Damit alles zusammenpasst, solltest du das Tragwerk allerdings vorher genau planen. Oder du baust einen ganz hohen Turm – vielleicht sogar einen, der größer ist als du selbst? Kürzere Spaghettistücke sind weniger biegsam – schaffst du es, einen höheren Turm zu bauen, wenn du kürzere Spaghettistücke verwendest? Dein Turm wird stabiler, je größer seine Grundfläche ist. Achte darauf, dass das Tragwerk nicht breiter ist als die Grundfläche, oder lass es nach oben hin schmaler werden.

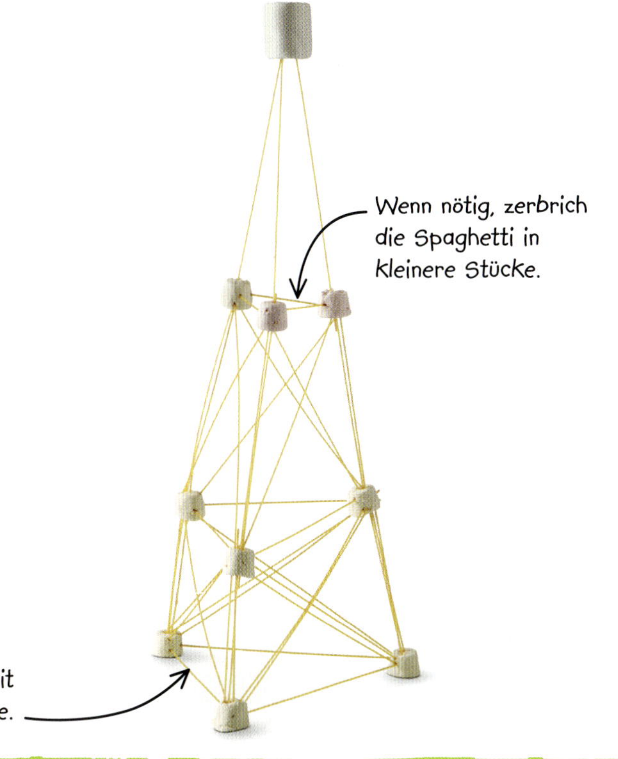

SO FUNKTIONIERT'S

Das Tragwerk ist der Teil eines Bauwerks, der die Lasten trägt. Die Dreiecke sind der Schlüssel zur Stabilität – man sagt auch „Statik" – deines Tragwerks. Im Gegensatz zu einem Viereck, das sich leicht zu einem Parallelogramm verbiegen lässt, ist ein Dreieck formstabil. Außerdem ist es wichtig, dass der Turm eine recht große Grundfläche hat. Jedes Objekt hat einen Schwerpunkt. Das ist der Punkt, um den herum die Masse eines Objekts im Gleichgewicht gehalten wird. Ein Objekt ist stabil, wenn sein Schwerpunkt über der Basis liegt. Sobald der Schwerpunkt eines Gebäudes nicht mehr über seiner Basis liegt, kippt das Gebäude um.

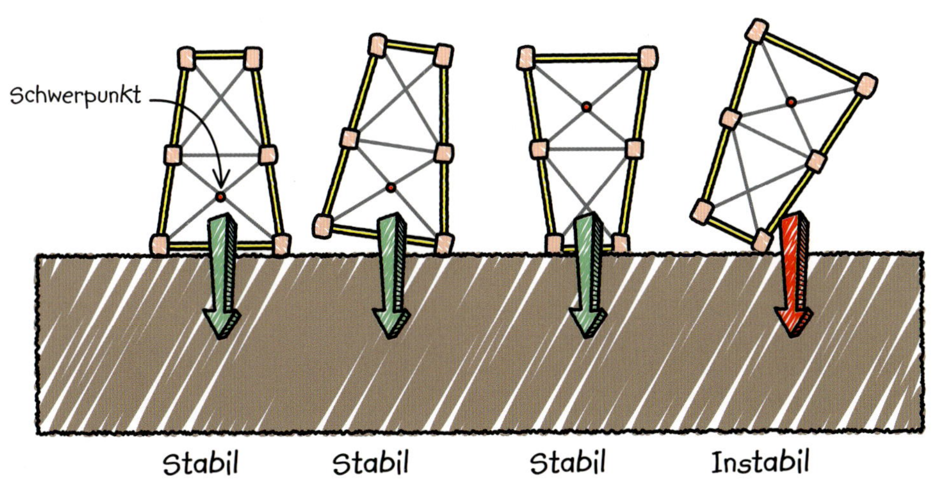

IN DER PRAXIS
TOKYO SKYTREE

Mit einer Höhe von 634 m ist der Tokyo Skytree in Japan der höchste Fernsehturm der Welt. Sein Tragwerk besteht aus Stahlröhren, die in stabilen Dreiecken angeordnet sind. Seine Basis ist wesentlich breiter als der obere Teil.

STARKE ZYLINDER

PAPIER-HOCKER

Ein einzelnes Blatt Zeitungspapier ist eine sehr fadenscheinige Sache. Es knickt und zerknittert sehr schnell, sodass man eigentlich kaum auf die Idee kommen könnte, damit etwas Stabiles zu bauen. Oder doch? Wenn du sehr viele Blätter Zeitungspapier auf die richtige Weise verbindest, kannst du damit sogar einen stabilen Hocker bauen, auf den du dich setzen kannst.

SO ENTSTEHT EIN PAPIER-HOCKER

Für dieses Möbelstück brauchst du viel Zeitungspapier. Damit der Hocker wirklich stabil wird, musst du die Papierrollen sehr eng wickeln. Vielleicht kann dir ein Freund oder eine Freundin helfen: Eine Person wickelt und die andere klebt. Wenn du den Hocker irgendwann wieder abbauen willst, musst du zuerst das Klebeband entfernen und dann das Papier über den Papiermüll entsorgen.

1 Wickle ungefähr 20 Blätter Zeitungspapier so eng wie möglich zusammen. Die fertige Rolle muss sich fest und starr anfühlen.

DU BRAUCHST:

Drehe die Rolle so fest wie möglich zusammen.

2 Wickle nahe an beiden Enden Klebeband um die Rolle. Bitte am besten jemanden um Hilfe, denn die Rolle muss mindestens mit einer Hand festgehalten werden. Wiederhole das Ganze, bis du 25 Rollen zusammen hast.

3 Mit einem anderen Stapel aus ebenfalls 20 Blättern baust du nun zwei kurze Rollen: Schneide dazu die Blätter zuerst in der Mitte durch.

Gewebe-Klebeband besteht aus drei Schichten: Kleber, Textilgewebe und Plastik.

Die kurze Rolle kommt in die Mitte.

4 Wickle das Papier zu zwei kurzen Rollen und fixiere sie an den Enden jeweils mit Klebeband, genau wie in Schritt 2.

5 Lege acht lange Rollen mit einer kurzen Rolle in der Mitte nebeneinander. Klebe sie mit Gewebe-Klebeband zusammen. Wiederhole diesen Schritt mit weiteren acht Rollen und einer kurzen Rolle.

Die beiden Elemente kannst du nun ineinander-stecken.

6 Stecke die beiden Elemente aus Papierrollen ineinander. Du erhältst ein Kreuzelement, das bereits von selbst stehen kann.

Die Papierrollen sind druckstabil, du kannst dich also hinsetzen.

Der Sitz muss fest an das Kreuzelement geklebt werden, damit er nicht herunterbrechen kann.

7 Klebe für die Sitzfläche einfach die restlichen neun Rollen mit Gewebeklebeband zusammen und klebe sie dann an dem Kreuzelement aus Schritt 6 fest.

8 Stell den Hocker so hin, dass die Sitzfläche oben ist. Nun kannst du Platz nehmen.

Das Kreuz aus Papierrollen gibt dem Hocker die nötige Stabilität.

SO FUNKTIONIERT'S

Die Papierrollen haben eine Zylinderform. Der Stuhl aus Zylindern ist aus zwei Gründen so stabil. Erstens hat ein Zylinder keine Ecken und damit ist keine Stelle stärker oder schwächer als eine andere. Allein das sorgt schon für eine gewisse Stabilität. Zweitens wird der Zylinder selbst dichter und fester, je fester du das Zeitungspapier zusammenrollst. Es befindet sich dann nämlich mehr Material auf demselben Raum. Wenn du die Rollen lockerer zusammenwickelst, werden sie weniger dicht und damit weniger stabil.

Die Kraft, dein Gewicht zu tragen, erhält dein Hocker durch die Moleküle des Papiers. Wenn du dich auf den Hocker setzt, wird das Papier zusammengedrückt. Damit werden auch die Papiermoleküle ein bisschen zusammengedrückt, was bewirkt, dass sie mit gleicher Kraft in die entgegengesetzte Richtung drücken.

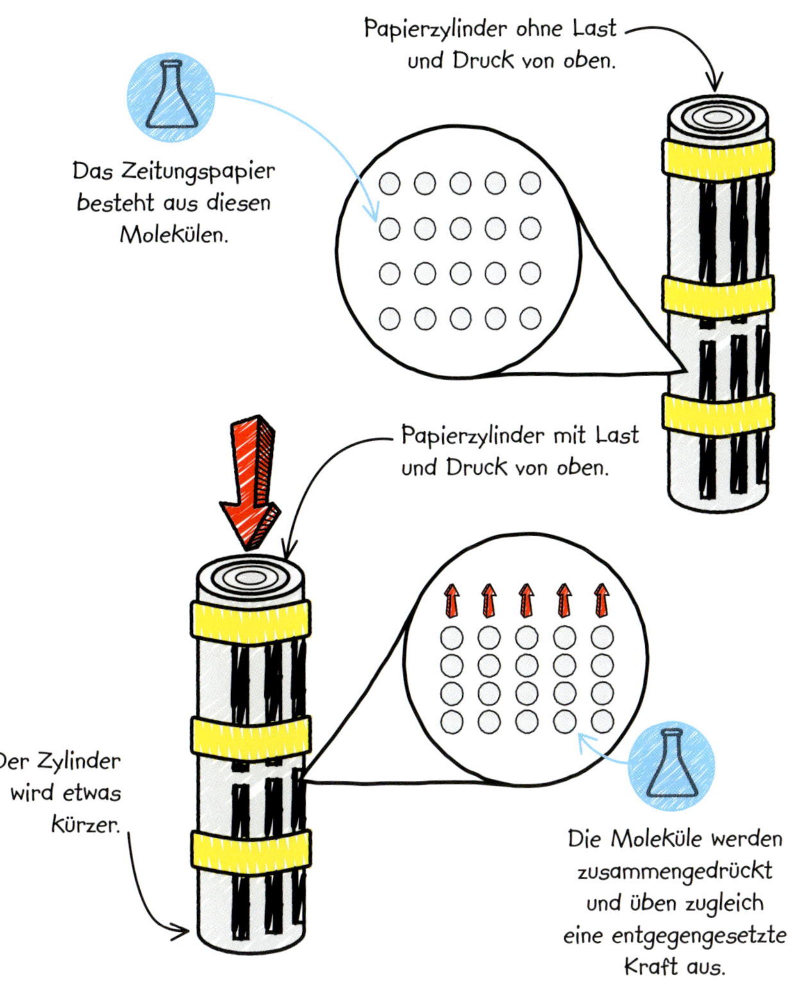

IN DER PRAXIS

SÄULEN

Zylindrische Formen als tragende Elemente (wie in deinem Hocker aus Papiersäulen) findet man in vielen Bauwerken. Die Säulen bei diesem Tempel sind aus massivem Stein und damit natürlich noch viel stabiler als Papiersäulen.

HOHLE KNOCHEN

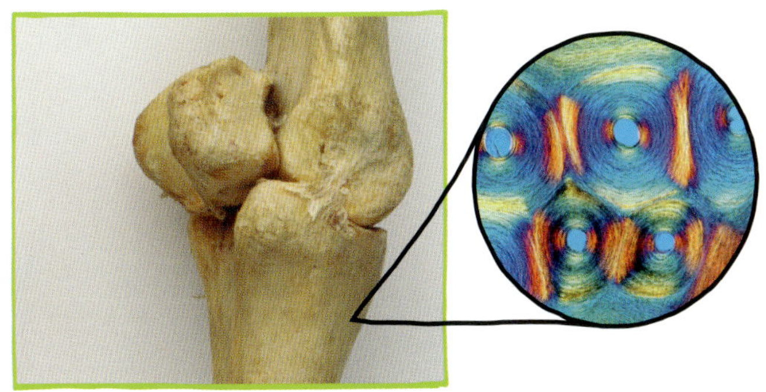

Die Knochen in deinen Beinen tragen dein Gewicht aus demselben Grund wie das Papier: Sie sind stabil und elastisch zugleich. In der Mitte sind sie hohl (sie haben eine sogenannte Knochenmarkhöhle, in der das blutbildende Knochenmark sitzt). Die Außenwand des Knochens ist hingegen hart und stabil. Dort findet man die Knochensäulchen. Jedes für sich ist ziemlich schwach, aber wie die zusammengeklebten Papierrollen können die dicht gepackten Knochensäulchen ein großes Gewicht tragen.

ZUGSPANNUNG UND DRUCKKRAFT

HÄNGEBRÜCKE

Ingenieure bauen riesige Brücken aus Beton und Stahlseilen. Betonpfeiler tragen die Seile und diese wiederum die Fahrbahn, über die viele Autos und Laster fahren. Am besten verstehst du, wie die Kräfte zusammenwirken, wenn du dein eigenes Modell einer Hängebrücke baust. Bei diesem Experiment verwendest du Strohhalme und Schnur anstelle von Stahlseilen.

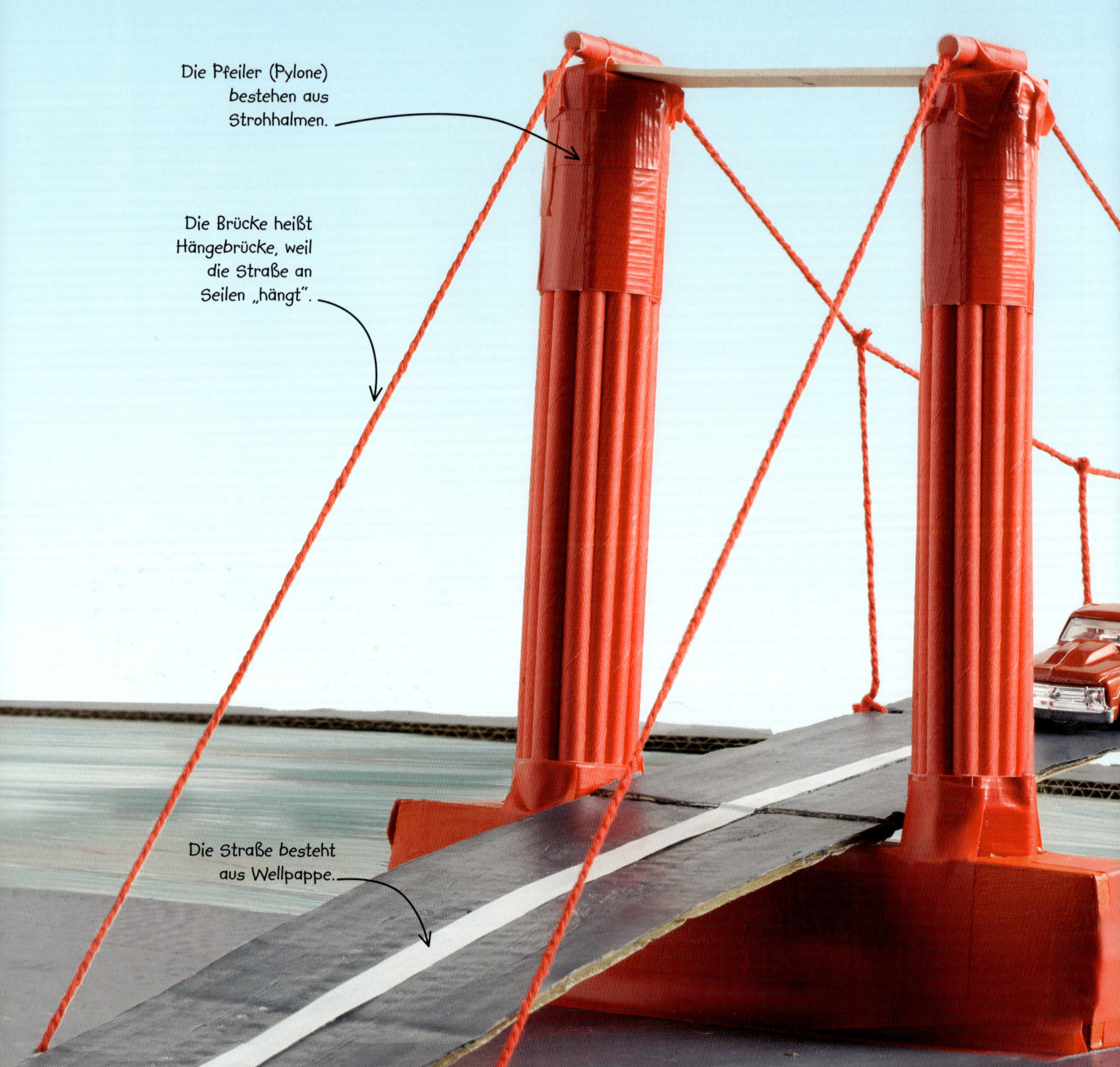

Vertikale Seile (Hänger) halten die Straße.

Die Tragkabel werden beidseits der Brücke in Ankerblöcken befestigt.

Eine Hängebrücke kann einen breiten Fluss überspannen.

SO BAUST DU EINE HÄNGE-BRÜCKE

Zwei Zahnpastaschachteln bilden die Basis für die Pfeiler. Du kannst aber auch andere Pappschachteln verwenden. Die Pfeiler bestehen aus jeweils 15 Papierstrohhalmen. Wenn deine Strohhalme breiter oder schmaler sind, brauchst du eventuell ein paar weniger oder mehr.

DU BRAUCHST:

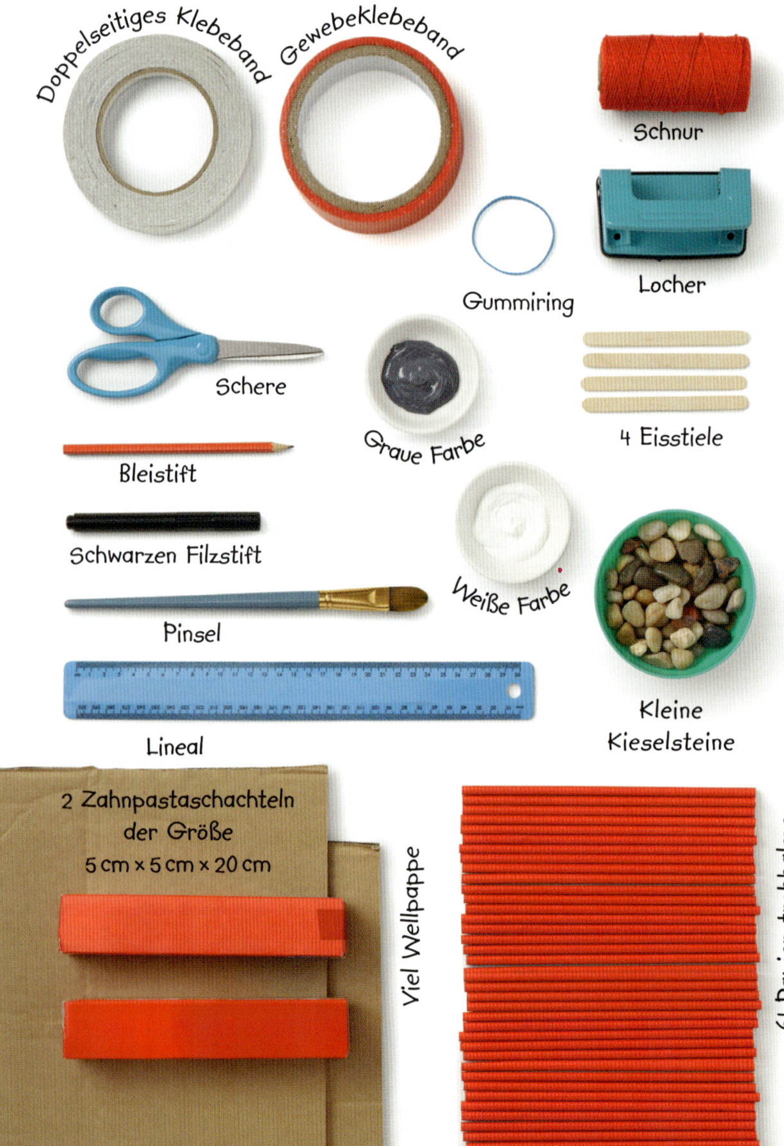

Mit dem Gummiring kannst du die Strohhalme zusammenhalten, bevor du sie mit Klebeband umwickelst.

1 Umwickle ein Bündel aus 15 Strohhalmen an jedem Ende mit starkem Gewebeklebeband. Stelle auf diese Weise vier Pfeiler her.

2 Verbinde zwei Pfeiler, indem du zwei Eisstiele dicht nebeneinander oben auf ihnen festklebst. Wiederhole diesen Schritt für die anderen Pfeiler.

3 Schneide vier 2,5 cm lange Stücke vom letzten Strohhalm ab. Sie dienen später als Halterungen für die Tragkabel.

Durch diese Strohhalme laufen später die Tragkabel der Brücke.

4 Klebe die Strohhalmstücke oben auf den Pfeilern in einem 90°-Winkel zu den Eisstielen fest.

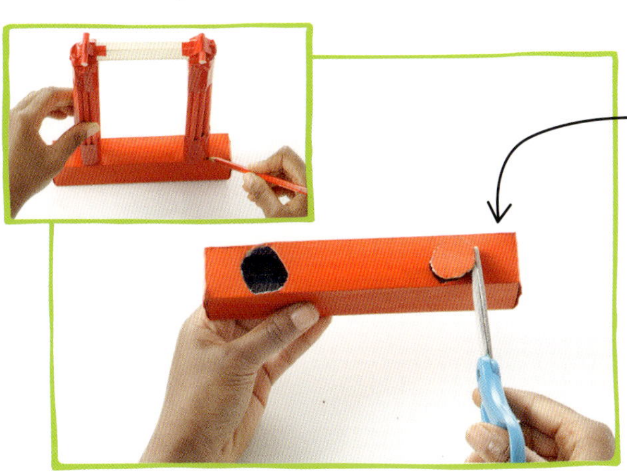

Du kannst die Schachteln auch vorher anmalen.

5 Übertrage den Umriss der Pfeiler auf beide Enden jeder Zahnpastaschachtel, indem du die Grundfläche der Pfeiler als Schablone verwendest. Schneide die Kreise aus und schiebe die Pfeiler durch die Löcher.

Die Steine dienen als Ballast: Sie machen die Brücke stabil.

6 Fülle beide Schachteln mit Kieselsteinen. Vielleicht musst du die Pfeiler ein bisschen hin- und herschieben, damit die Kieselsteine sich gut verteilen. Schließe beide Schachteln und klebe sie mit Klebeband zu.

7 Schneide aus der Wellpappe zwei Quadrate mit 20 cm Kantenlänge. Sie bilden die Ankerblöcke für deine Brücke. Bemale sie mit grauer Farbe.

8 Lass die Farbe trocknen und klebe dann auf jeden Ankerblock eine Zahnpastaschachtel. Die Schachtel muss genau bündig am Rand der Pappe sitzen.

Die bemalte Seite muss oben sein.

Du kannst auch eine weiße Linie als Markierung auf die Fahrbahn malen.

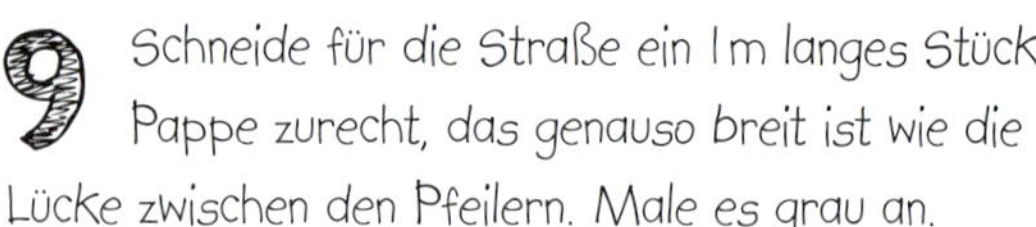

9 Schneide für die Straße ein 1 m langes Stück Pappe zurecht, das genauso breit ist wie die Lücke zwischen den Pfeilern. Male es grau an.

10 Klebe einen Streifen des doppelseitigen Klebebands zwischen die Pfeiler und ziehe den Schutzstreifen ab.

Klebe die Straße hier fest.

11 Drücke die Straße, wie hier zu sehen, auf das doppelseitige Klebeband zwischen den Pfeilern und klebe sie dann ganz am Ende des Ankerblocks mit dem Gewebeklebeband fest.

12 Wenn du nun etwas auf die Brücke stellst, hängt sie durch, denn noch fehlen die Seile, die dafür sorgen, dass die Straße schwere Lasten tragen kann.

13 Markiere mit dem Filzstift auf beiden Seiten längs des Fahrbahnrands Abstände von je 4 cm. Hier sollen später die Seile verankert werden.

Sei vorsichtig, damit du nicht aus Versehen genau in den Rand lochst.

14 Mit dem Locher kannst du nun an den Markierungen Löcher in die Pappe stanzen. Die Löcher dürfen aber nicht zu nah am Rand oder gar auf dem Rand liegen.

15 Jetzt werden die Seile hergestellt: Schneide zwei 1,5 m lange Stücke und zehn Stücke von je 15 cm Länge von der Schnur ab.

16 Fädle die beiden langen Tragkabel durch die kurzen Strohhalmstücke oben auf den Pfeilern, sodass sie parallel hängen.

Die langen Schnurstücke sind die Tragkabel der Brücke. In echten Brücken bestehen die Kabel aus Stahl.

17 Schneide in jeden Ankerblock neben dem Farbahnende kurze Schlitze und fädle die Seilenden hindurch. Nicht zu fest anziehen: Die Schnur soll in der Mitte der Brücke durchhängen.

18 Verknüpfe das Tragkabel über die kurzen Seile mit der Fahrbahn. Knote sie am Kabel und an den Löchern fest. Von der Mitte aus aufsteigend sollten sie 3 cm, 5 cm und 7 cm lang sein.

19 Ziehe nun die Tragkabel durch die Schlitze in den Fundamenten straff. Klebe zum Schluss die Fundamente auf einem Brett oder dem Tisch fest. Deine Hängebrücke ist fertig.

20 Stell nun Gegenstände auf die Brücke, um ihre Belastbarkeit zu testen. Je schwerer das Gewicht ist, das du auflegst, desto straffer werden die Hänger und Tragseile gezogen.

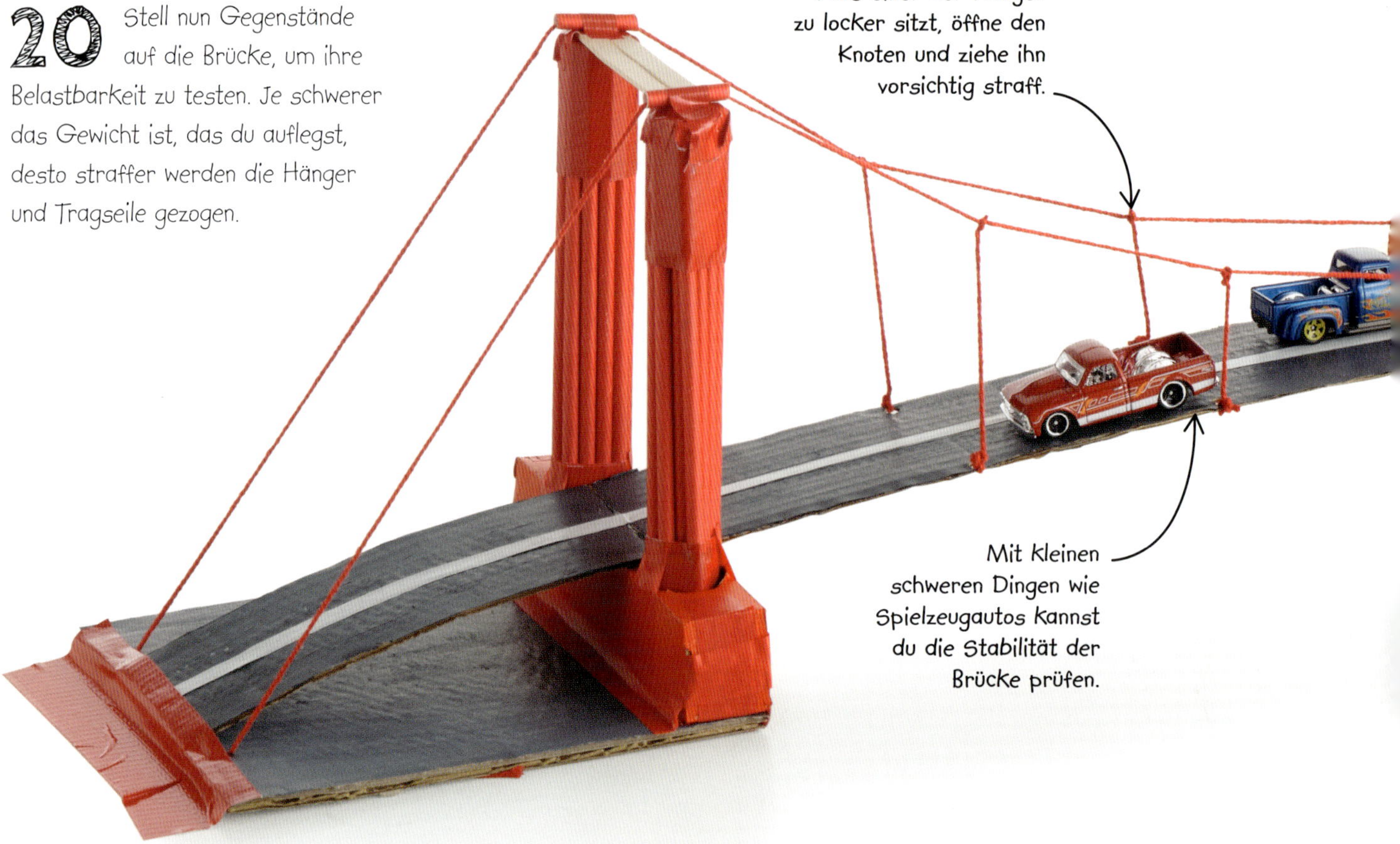

Falls einer der Hänger zu locker sitzt, öffne den Knoten und ziehe ihn vorsichtig straff.

Mit kleinen schweren Dingen wie Spielzeugautos kannst du die Stabilität der Brücke prüfen.

SO FUNKTIONIERT'S

In der Hängebrücke wirken Zug- und Druckkräfte: Ohne Seile würde deine Brücke absinken, sobald du etwas daraufstellst. Durch die Aufhängung der schweren Straße wirken an allen Seilen deiner Brückenkonstruktion Zugkräfte. Die Hänger ziehen die Fahrbahn nach oben. Sie werden unterstützt durch die beiden Tragkabel, die wiederum ihre Last als Druckkräfte an die Pfeiler übertragen. Der Gegendruck durch den Baugrund bewirkt ein Kräftegleichgewicht.

Das Gesamtgewicht der Brücke drückt auf die Pfeiler, die vom Baugrund gestützt werden.

Die Fahrbahn wird durch die Spannung der Hänger nach oben gezogen.

Die Hänger ziehen die Tragkabel nach unten.

Die Zugkraft der Tragkabel wirkt als Druck auf die Pfeiler.

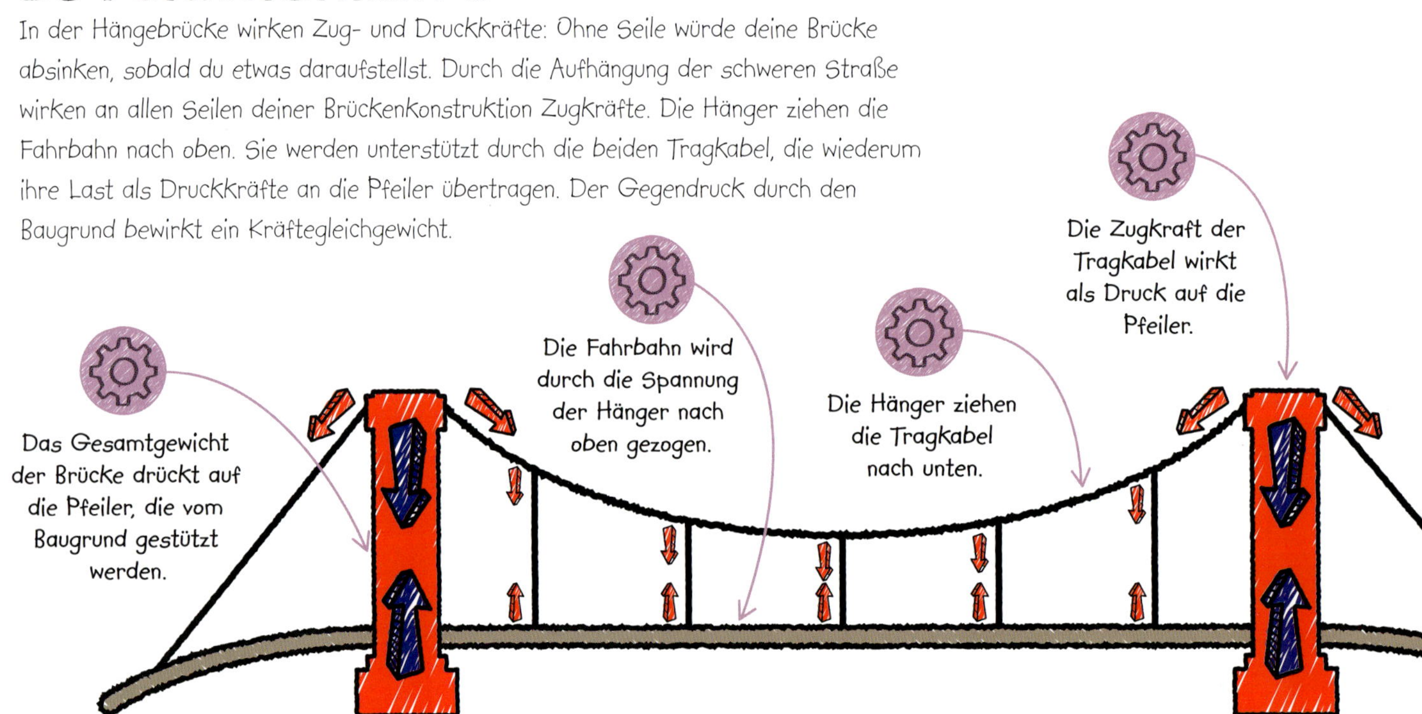

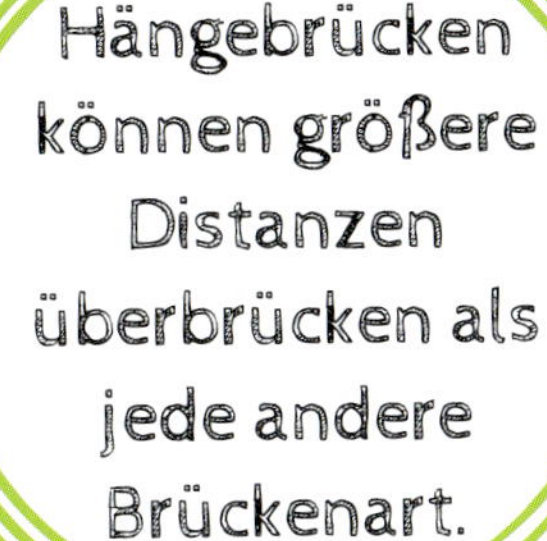

Die Straße sollte sich in der Mitte etwas nach oben wölben.

Damit die Spannung der Brücke nicht nachlässt, müssen die Tragkabel an jedem Ende fest verankert sein.

NOCH EINE IDEE

Da du jetzt weißt, wie eine Hängebrücke gebaut wird, kannst du auch eine höhere, breitere oder längere Brücke bauen. Können größere Brücken ebenso schwere Lasten tragen oder benötigt man dafür mehr Seile? Müssen die Tragkabel im Baugrund verankert werden oder genügt es, wenn man sie an der Straße befestigt? Was ist das schwerste Gewicht, das deine Brücke tragen kann? Du findest es heraus, indem du sie belastest, bis sie zusammenbricht!

IN DER PRAXIS

GOLDEN GATE BRIDGE

Wahrscheinlich ist die Golden Gate Bridge nördlich von San Francisco (USA) die bekannteste Hängebrücke der Welt. Etwa 112 000 Fahrzeuge überqueren diese Brücke täglich. Die aufgehängte Straße ist 2,7 km lang und wird durch zwei 2,3 km lange Kabel hoch über der Meerenge gehalten.

DACH MIT STAHLSEILTRAGWERK

Das neue Dach des BC Place Stadiums in Vancouver (Kanada) ist eine Membrankonstruktion, die von insgesamt 35 km Stahlkabel gehalten wird. Die 36 Stahlstützen der Konstruktion haben dieselbe Aufgabe wie die Pfeiler einer Hängebrücke. Das Membrandach kann bis zu 7000 Tonnen Schnee aushalten und innerhalb von 20 Minuten geöffnet werden.

GEODÄTISCHE KUPPEL

Dieses imposante Bauwerk ist eine geodätische Kuppel. Obwohl sie leicht und zerbrechlich aussieht, ist sie aufgrund ihrer Form sehr stabil. Wenn deine Kuppel fertig ist, kannst du sie mit Frischhaltefolie überziehen und ein Gewächshaus daraus machen.

Dreiecke machen die Kuppel stabil.

Durch die Hülle aus Frischhaltefolie wird die Wärme im Inneren gespeichert.

Als Streben
verwendest du
Strohhalme.
Sukkulenten gedeihen
in heißen, trockenen
Gegenden, wie
im Inneren des
Gewächshauses.
Pfeifenreiniger
(verdeckt durch das
Klebeband) verbinden
die Streben.

SO BAUST DU EINE GEODÄTISCHE KUPPEL

Diese geodätische Kuppel besteht aus 65 Streben in zwei unterschiedlichen Längen. Um die langen Streben von den kurzen besser unterscheiden zu können, haben wir Strohhalme mit unterschiedlichen Farben und zwei Sorten Pfeifenreiniger verwendet. Wenn du möchtest, kannst du natürlich andere Farben nehmen.

DU BRAUCHST:

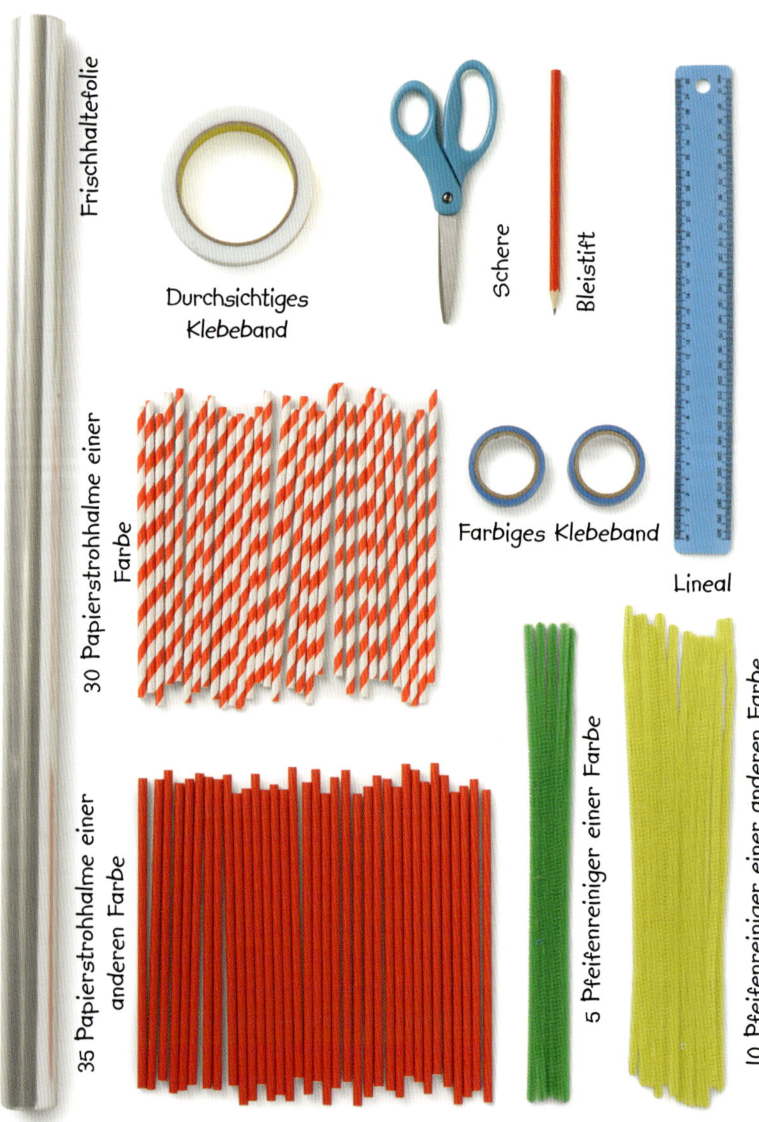

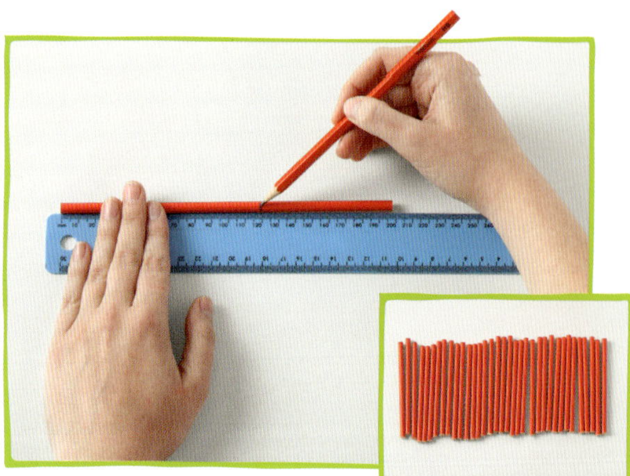

1 Kürze zuerst die 35 Strohhalme auf eine Länge von 12 cm. Markiere auf jedem Strohhalm die Schnittstelle, bevor du schneidest.

2 Nun schneide von den 30 Strohhalmen der zweiten Farbe je 11 cm lange Stücke ab. Die Strohhalme bilden später die Streben der Kuppel.

Am Ende solltest du 20 Teile der einen und 40 der anderen Farbe haben.

3 Nimm fünf Pfeifenreiniger der einen Farbe und zehn der anderen. Knicke jeden in der Mitte und schneide ihn durch. Halbiere die entstandenen Teile dann ein weiteres Mal.

4 Verdrehe, wie im Bild zu sehen, immer zwei Pfeifenreiniger von dem 20-er-Haufen, sodass du 10 „Füße" für die Kuppel erhältst.

5 Die anderen Pfeifenreiniger werden deine Verbindungsstücke. Verdrehe jeweils drei miteinander. Du brauchst 12 Verbindungsstücke.

Ein Zehneck nennt man Dekagon.

6 Verbinde 10 der langen Streben mithilfe der Füße aus Schritt 4. Das Ergebnis ist die zehneckige Grundfläche der Kuppel.

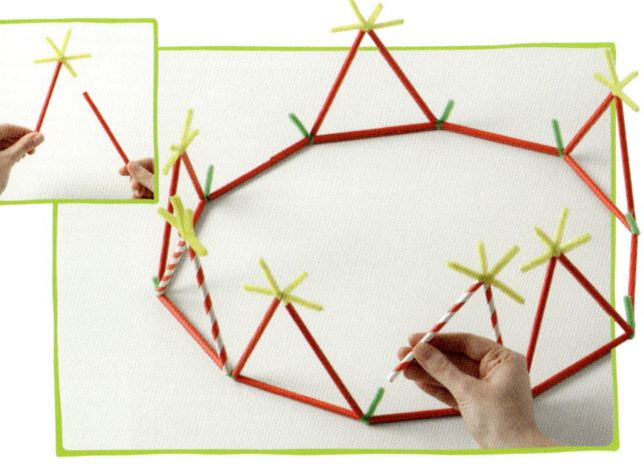

7 Baue nun den untersten Ring von Dreiecken auf. Wechsle immer zwischen kurzen und langen Streben, wie oben im Bild zu sehen.

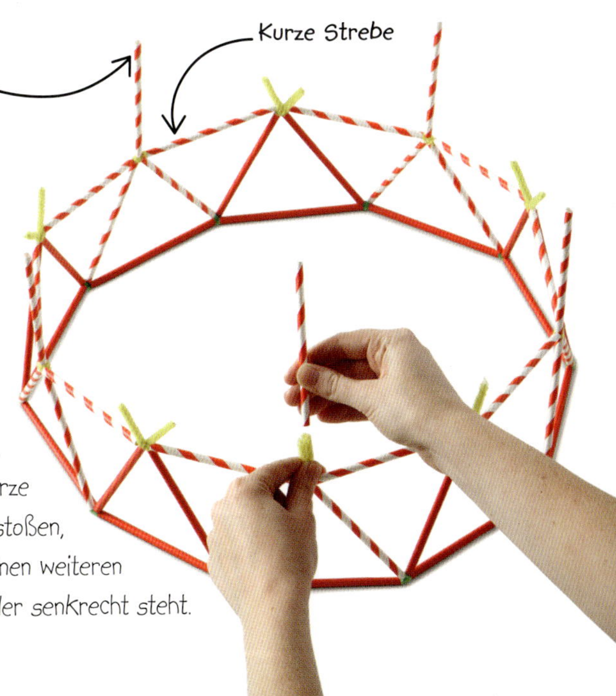

Diese kurzen Streben sollten fast senkrecht stehen, mit einer leichten Neigung nach innen.

Kurze Strebe

8 Füge für den oberen Rand rundherum kurze Streben hinzu. Dort, wo nun vier kurze Streben aneinanderstoßen, ergänzt du jeweils einen weiteren kurzen Strohhalm, der senkrecht steht.

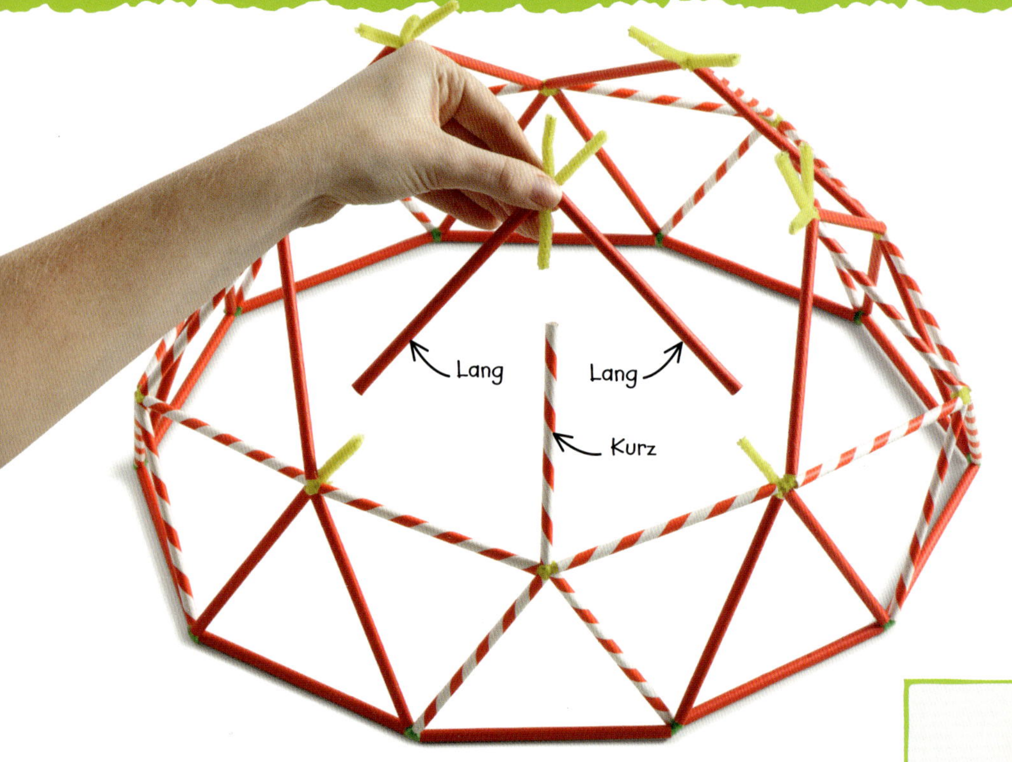

9 Setze auf jede der fast senkrecht stehenden kurzen Streben ein Verbindungsstück mit zwei langen Streben, wie links im Bild zu sehen.

Die kurzen Streben bilden fünf Dreiecke im Inneren jedes Fünfecks.

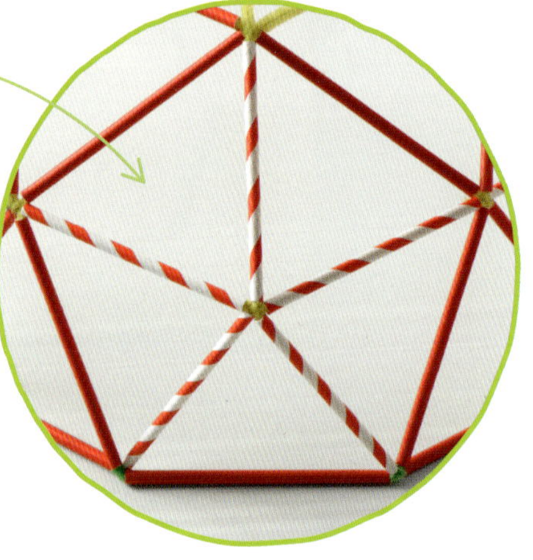

10 Verbinde am oberen Rand der mittleren „Etage" fünf weitere lange Streben zu einem Fünfeck (Pentagon). Es bildet das Dach der Kuppel.

In eine Strebe musst du die Enden von zwei Pfeifenreinigern stecken.

11 Für das Dach musst du fünf kurze Streben auf ein Verbindungsstück setzen. Da das Verbindungsstück sechs Enden hat, musst du am Schluss zwei zusammen in eine Strebe stecken.

12 Stecke die fünf kurzen Streben nun auf die oben an der Kuppel herausstehenden Verbindungsstücke.

Die Abdeckung aus Frischhaltefolie macht deine geodätische Kuppel zu einem Gewächshaus.

13 Wickle kurze Streifen des farbigen Klebebands um jede Verbindungsstelle. So wird das Tragwerk der Kuppel stabiler.

14 Nun kannst du Frischhaltefolie über deine Kuppel spannen. Falls nötig, fixiere die Folienstücke mit durchsichtigem Klebeband. Deine geodätische Kuppel ist fertig.

SO FUNKTIONIERT'S

Mehrere miteinander verbundene Dreiecke bilden eine äußerst stabile Konstruktion. Die Dreiecke verformen sich selbst unter Druck nicht, denn sie stützen sich gegenseitig. Wird auf eine der Ecken eines Dreiecks Druck ausgeübt, wird dieser gleichmäßig auf die anderen beiden Ecken verteilt. Die geodätische Kuppel reiht Dreieck an Dreieck, sodass jede Kraft, die auf das Tragwerk wirkt, an jeder Gabelung gleichmäßig weitergegeben wird und sich über die gesamte Konstruktion verteilt.

An jeder Gabelung wird die Kraft gleichmäßig weiterverteilt.

Auf jeder Etage der Kuppel nimmt der Druck ab.

In einer geodätischen Kuppel wird das Gewicht des Bauwerks effektiv über das gesamte Tragwerk verteilt.

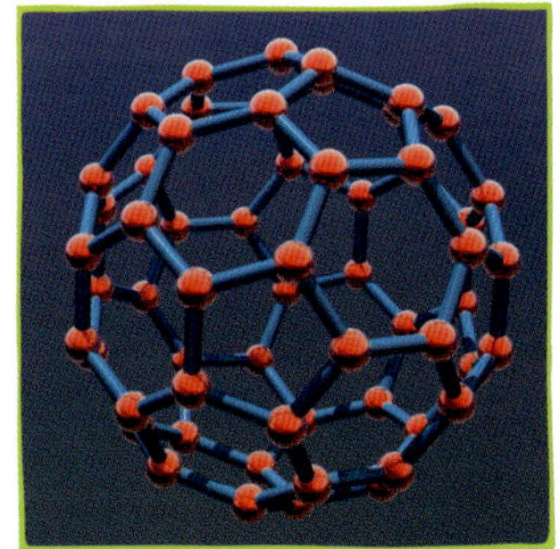

IN DER PRAXIS
FULLEREN

1986 wurde eine Modifikation (Zustandsform) des Kohlenstoffs entdeckt, deren Struktur aus Fünf- und Sechsecken besteht und an eine geodätische Kuppel erinnert. Die Modifikation wurde „Fulleren" genannt, nach dem bedeutenden Architekten Buckminster Fuller, der durch seine geodätischen Kuppelbauten bekannt wurde.

FORMEN VERGRÖSSERN

PANTOGRAF

Der Pantograf wurde im Jahr 1603 entwickelt. Er ist ein Instrument zum exakten Übertragen von Zeichnungen in das gleiche, ein größeres oder ein kleineres Format. Er besteht aus vier Leisten, die über Gelenke miteinander verbunden sind. Wird der Stift in der Mitte bewegt, so überträgt sich die Bewegung auf das Ende der rechten Leiste und den dortigen Stift. So entsteht beim Zeichnen gleichzeitig eine vergrößerte Kopie. Du kannst diesen erstaunlichen Effekt ausprobieren, indem du selbst einen Pantografen baust.

Musterklammern als Gelenke geben dem Pantografen genügend Beweglichkeit.

Der gesamte Pantograf dreht sich um diesen Punkt, der mit Knete auf dem Tisch fixiert wird.

Zeichne mit diesem Stift ein Bild.

Dieser Stift zeichnet
gleichzeitig eine
Vergrößerung deines
Bilds.

SO BASTELST DU EINEN

PANTOGRAF

Dein Pantograf besteht aus vier Rechtecken, die mit Musterklammern zusammengehalten werden. Er muss an den Gelenken frei beweglich sein. Am besten funktioniert der Pantograf, wenn du ein einfaches Motiv zeichnest und dabei den Stift nicht anhebst.

DU BRAUCHST:

1 Zeichne mit Bleistift und Lineal drei 50 cm lange und 5 cm breite Rechtecke auf die Pappe und schneide sie aus.

2 Markiere mit dem Bleistift auf einem der Rechtecke 20 cm vom Rand entfernt zwei Punkte und ziehe dazwischen eine Linie. Zerschneide das Rechteck entlang dieser Linie, sodass zwei Rechtecke entstehen, ein 20 cm langes und ein 30 cm langes.

3 Jetzt sind alle vier Teile fertig, die du für den Pantografen brauchst. Male sie an und lass die Farbe gut trocknen.

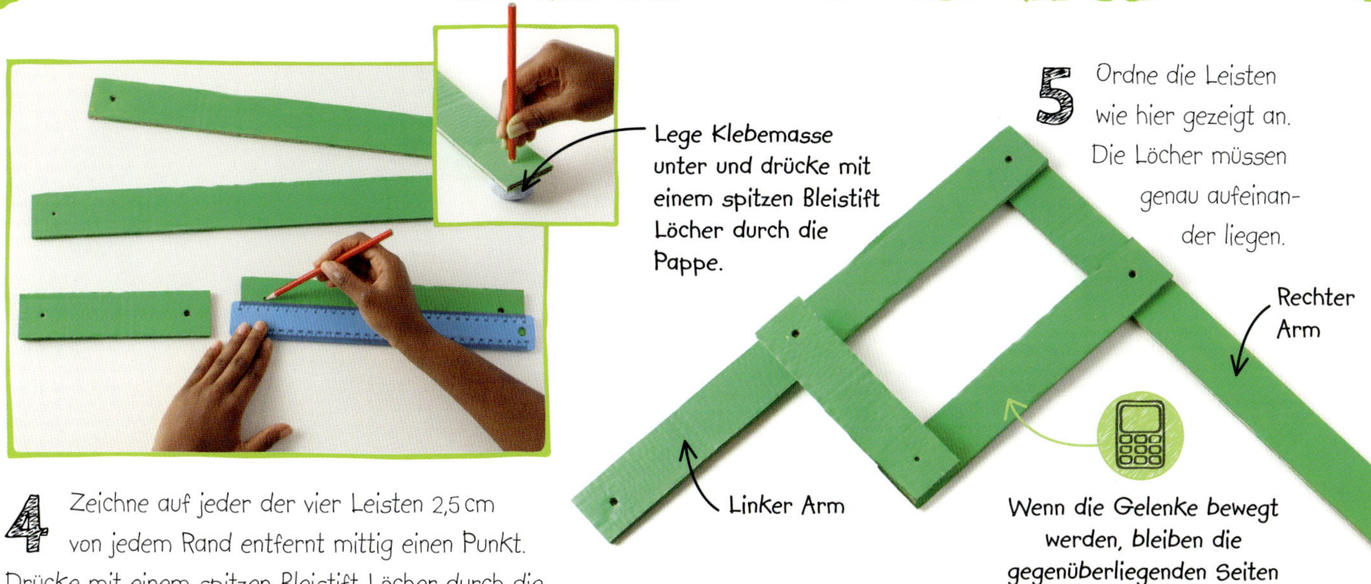

4 Zeichne auf jeder der vier Leisten 2,5 cm von jedem Rand entfernt mittig einen Punkt. Drücke mit einem spitzen Bleistift Löcher durch die markierten Stellen.

5 Ordne die Leisten wie hier gezeigt an. Die Löcher müssen genau aufeinander liegen.

6 Stecke durch die beiden Löcher, wie im Bild zu sehen, die Musterklammern und biege sie auf der anderen Seite um. In die anderen Löcher kommen jetzt noch keine Klammern.

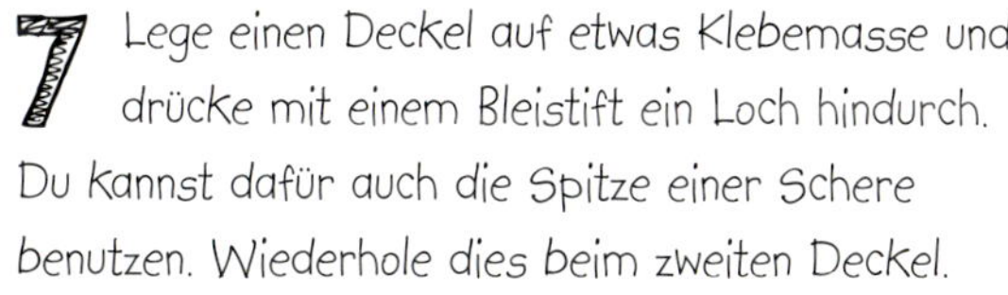

7 Lege einen Deckel auf etwas Klebemasse und drücke mit einem Bleistift ein Loch hindurch. Du kannst dafür auch die Spitze einer Schere benutzen. Wiederhole dies beim zweiten Deckel.

8 Befestige mit einer Klammer einen Deckel am Ende des linken Arms. Drücke Klebemasse hinein, damit der Arm später auf dem Tisch haften bleibt.

9 Befestige den anderen Flaschendeckel an dem Gelenk, das beide Arme verbindet, damit die Leisten beim Zeichnen frei beweglich sind.

10 Wickle Klebeband um die Enden der beiden kurzen Leisten und das freie Ende des rechten Arms, damit die Pappe nicht ausfranst, wenn du einen Stift hindurchsteckst.

11 Drücke den Bleistift durch die beiden mit Klebeband umwickelten Enden der kurzen Leisten. Steche dann ein größeres Loch in das Ende des rechten Arms und schiebe einen Filzstift hindurch.

12 Zeichne mit dem Bleistift ein Bild und achte dabei auf den Filzstift. Er zeichnet eine größere Kopie deines Motivs. Am besten funktioniert das, wenn du eine durchgezogene Linie malst, ohne abzusetzen oder Linien doppelt zu zeichnen. Mit dem Pantografen kannst du auch bereits fertige Bilder kopieren, verkleinern oder vergrößern.

Der Pantograf wirkt wie ein Hebel, der Bewegungen vergrößert.

Wenn der Pantograf hier nicht richtig fixiert werden kann, musst du ihn festhalten.

SO FUNKTIONIERT'S

Der Pantograf ist ein Beispiel für ein Getriebe, eine Maschine, deren feste Teile durch Gelenke verbunden sind, sodass sie sich bewegen können. Es gibt viele verschiedene Arten von Getrieben. Der Pantograf ist ein Koppelgetriebe: Es überträgt eine Bewegung in eine andere. Im Beispiel wird die Bewegung vergrößert. Im Zentrum des Pantografen befindet sich ein Parallelogramm (ein Viereck, dessen gegenüberliegende Seiten parallel sind). Bleistift und Filzstift bewegen sich somit an parallelen Leisten. Sie führen also dieselbe Bewegung aus. Der Filzstift befindet sich am längeren Arm, also vergrößert er die Zeichnung. Die Vergrößerung entspricht dem Verhältnis der beiden Armlängen (A : B im Diagramm).

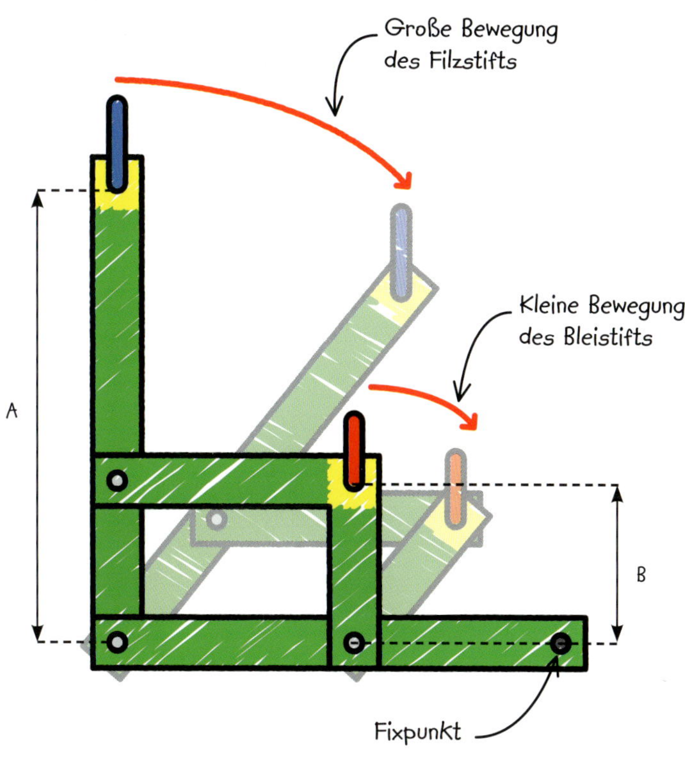

Tausche Bleistift und Filzstift, um ein Bild zu verkleinern.

IN DER PRAXIS
REGENSCHIRM

Koppelgetriebe finden sich in vielen Maschinen und Geräten. Eines davon hast du bestimmt zu Hause: einen Schirm. Wenn du den Schieber am Stock nach oben schiebst, überträgt sich die Bewegung auf die Gelenkverbindungen. Das Gestänge und der gesamte Schirm wird aufgespannt und schützt dich vor Regen.

BAUSTOFFE

STABILE SANDBURG

Wenn du schon einmal eine Sandburg gebaut hast, weißt du, dass man den Sand etwas anfeuchten muss, damit die einzelnen Körnchen aneinander haften. Wenn du dagegen mit trockenem Sand baust, bekommst du nur einen losen Haufen, weil die Sandkörnchen nicht zusammenhalten. Doch auch eine Sandburg, die mit feuchtem Sand gebaut wurde, bricht zusammen, wenn man sie zu stark belastet. Bei diesem Experiment lernst du, wie du eine superstabile Sandburg bauen kannst, die sogar das Körpergewicht eines Menschen aushält.

Das Gewicht der
Bücher wirkt als
Druckkraft auf
die Sandburg.
Die Sandburg wird
durch zusätzliches
Material verstärkt.
Durch Schichten
aus Mullbinden wird
die Burg stabiler.

SO BAUST DU EINE
STABILE SANDBURG

Diese Sandburg wird durch zusätzliches Material stabilisiert, und zwar Mullbinden. Alles andere ist wie bei normalen Sandburgen: Sandeimer füllen, umdrehen und vorsichtig abheben. Wenn du das Experiment am Strand durchführen willst, musst du unbedingt daran denken, die Mullbinden am Ende wieder mitzunehmen.

DU BRAUCHST:

1 Gieße etwas Wasser in den Sand und rühre um, bis die Flüssigkeit gebunden und eine kompakte Masse entstanden ist.

2 Fülle eine 5 cm dicke Sandschicht in den Eimer. Verteile den Sand gleichmäßig auf dem Eimerboden.

3 Drücke den Sand mit der Hand zu einer festen und glatten Schicht zusammen.

Die Sandkörner werden zusammengepresst.

4 Schneide von einer Mullbinde mehrere Streifen in der Breite des Eimers ab.

Mullbinden sind dünn, aber stark. Sie bestehen aus halbdurchsichtigem Gewebe.

5 Lege eine Lage aus Mullbinden auf die Sandschicht. Die Streifen sollten etwas überlappen, damit der Sand komplett abgedeckt ist.

Die Anzahl der Schichten hängt von der Größe des Eimers ab.

6 Fülle weitere Sandschichten von 5 cm Dicke ein, jeweils mit einer Lage aus Mullbinden dazwischen. Drücke jede Schicht gut fest.

7 Es macht nichts, wenn dein Eimer innen nicht glatt ist. Decke die einzelnen Sandschichten einfach so gut wie möglich mit den Mullbinden ab.

8 Fülle den Eimer bis zum Rand mit Sand und lass die oberste Lage aus etwas längeren Mullbindenstreifen am Rand etwas überstehen.

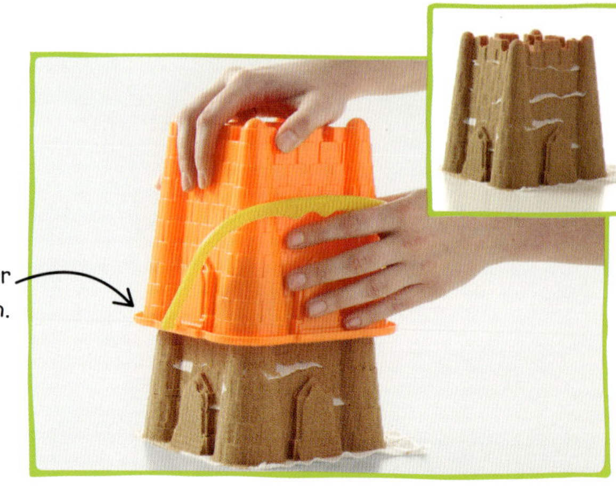

Hebe den Eimer langsam an.

9 Drücke mit einer Hand fest gegen die obere Schicht, damit nichts herausfallen kann, und stürze den Eimer auf den Boden oder einen Tisch.

10 Klopfe vorsichtig mit der Hand gegen die Seiten des Eimers und hebe ihn langsam an – genau wie bei einer normalen Sandburg.

11 Jetzt kannst du deine Sandburg auf ihre Stabilität testen. Lege zuerst eines der Bücher vorsichtig auf die Burg.

12 Lege nach und nach mehr Bücher auf die Burg. Probiere aus, wie viele Bücher du auflegen kannst, bis die Burg zusammensackt.

Ingenieure verwenden den Begriff „Last“, um zu beschreiben, welchen Kräften ein Bauwerk standhalten muss.

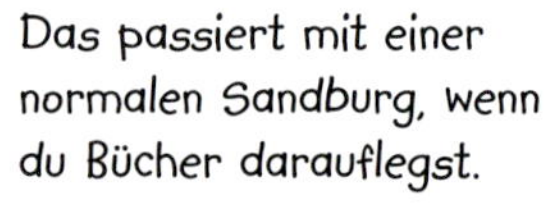

Das passiert mit einer normalen Sandburg, wenn du Bücher darauflegst.

Lege die Bücher vorsichtig auf die Sandburg.

NOCH EINE IDEE

Deine Sandburg ist ja schon ziemlich stabil, aber kannst du vielleicht eine noch belastbarere Burg bauen? Was passiert, wenn du statt der Mullbinden Papier, Plastiktüten oder Fetzen eines alten T-Shirts verwendest? Ist grober oder feiner Sand das bessere Baumaterial? Und kann man vielleicht auch Kies statt Sand verwenden?

SO FUNKTIONIERT'S

Sand besteht überwiegend aus Muscheln und Gestein. Durch Witterungseinflüsse werden Gesteinsteile aus Felsen gelöst und es entstehen zunächst Brocken und Kies. Durch Wasser und Wind werden diese weitertransportiert, reiben sich dabei gegenseitig ab und werden immer kleiner. Eine einfache Sandburg würde schon bei geringer Belastung zusammenbrechen, weil die glatt geschliffenen Sandkörner seitlich wegrutschen. Die Mullbinden in deiner Sandburg erhöhen die Haftreibung und damit die Stabilität. Durch die erhöhte Haftreibung zwischen Mullbinden und Sand werden die Körner länger am Verrutschen gehindert.

Durch die Last werden die Sandkörner zusammengedrückt.

Ohne Verstärkung ist die Haftreibung gering. Die Sandkörner rutschen weg und die Burg bricht zusammen.

Einfache Sandburg

Mit Verstärkung kann die Sandburg einigermaßen schweren Lasten standhalten.

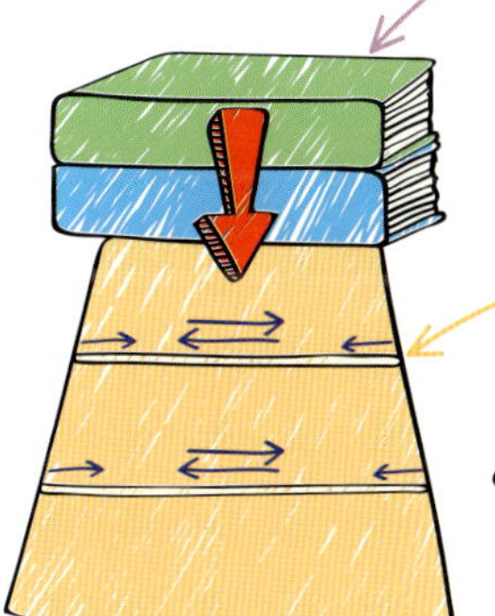

Die Lagen aus Mullbinden erhöhen die Haftreibung und die Sandkörner rutschen nicht einfach seitlich weg.

Verstärkte Sandburg

IN DER PRAXIS
STABILISIERUNG VON HÄNGEN UND KÜSTEN

Die Kombination aus Sand und Mullbinden, die du für deine Sandburg verwendet hast, ähnelt einer Technik, die zur Stabilisierung von Hängen eingesetzt wird: Man presst Sand oder Erde zwischen Draht- oder Stahlgeflechte. Mithilfe dieser Technik werden z. B. instabile Berghänge an Gebirgsstraßen gesichert. Auch Mauern zum Küstenschutz werden so ähnlich gebaut. Sie halten den Wellen stand und verhindern die Erosion der Uferbereiche.

LICHT UND TON

Bei Wellen denkt man normalerweise an Wasser, aber auch Licht und Töne breiten sich in Wellen aus. In diesem Kapitel stellst du deine eigene Wellenmaschine her und baust ein Spektroskop, ein optisches Gerät, mit dem du das Licht untersuchen kannst. Die Klänge, die wir hören, werden durch Schallwellen übertragen. Du wirst deine eigene Mundharmonika bauen und ein Glockenspiel aus Löffeln herstellen.

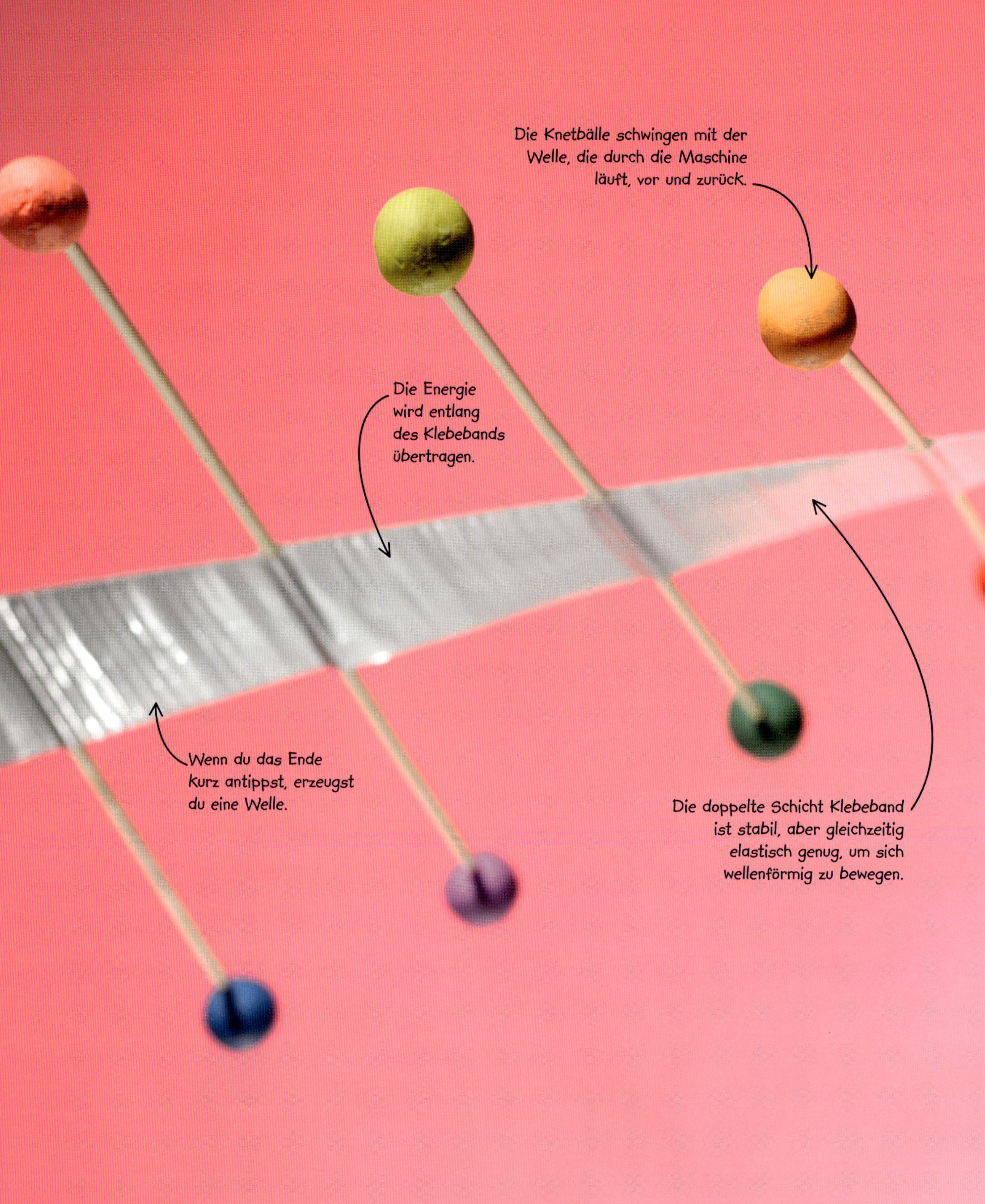
Die Knetbälle schwingen mit der Welle, die durch die Maschine läuft, vor und zurück.
Die Energie wird entlang des Klebebands übertragen.
Wenn du das Ende kurz antippst, erzeugst du eine Welle.
Die doppelte Schicht Klebeband ist stabil, aber gleichzeitig elastisch genug, um sich wellenförmig zu bewegen.

Die Welle setzt sich durch das Klebeband und die Holzspieße fort. Am Ende wird sie reflektiert und kommt zurück.

WELLEN UND ENERGIEÜBERTRAGUNG

WELLEN-MASCHINE

Wenn du einen Stein ins Wasser wirfst, erzeugt er Wellen. Es sieht aus, als würde das Wasser sich kreisförmig ausbreiten, tatsächlich aber bewegt sich das Wasser auf und ab. Wellen transportieren nämlich Energie, nicht jedoch Materie wie das Wasser. Das macht jede Art von Wellen so nützlich: Wir können sie nutzen, um Informationen zu senden, um das Essen zu erhitzen oder sogar zum Surfen. Diese Wellenmaschine zeigt dir die Ausbreitung von Wellen ganz genau.

SO ENTSTEHT EINE WELLEN-MASCHINE

Hier erfährst du, wie du mit Klebeband und Holzspießen deine eigene Wellenmaschine bauen kannst. Gewebeklebeband hat eine hohe Klebkraft. Du musst aufpassen, dass es nicht verheddert und zusammenklebt. Auch mit den spitzen Spießen musst du vorsichtig sein. Du brauchst viel Platz zum Arbeiten, denn deine Wellenmaschine wird 3 m lang!

DU BRAUCHST:

1 Zuerst stellst du die Griffe her. Schneide dazu ein Stück Gewebeklebeband ab, das doppelt so lang ist wie die Holzspieße, und lege es mit der Klebeseite nach oben auf die Arbeitsfläche.

2 Lege 10 Spieße mittig auf das Klebeband. Wickle es fest um die Spieße und falte die Enden um. Stelle den zweiten Griff genauso her.

3 Rolle etwas Gewebeklebeband mit der Klebeseite nach oben ab. Wickle einen Griff ein Stück weit ein, um ihn am Klebeband zu befestigen.

4 Wickle 1 m Gewebeklebeband ab. Klebe, vom Griff aus beginnend, etwa alle 5 cm einen Spieß fest.

Lass zwischen dem letzten Spieß und dem Griff etwa 10 cm Platz.

5 Wickle einen weiteren Meter Klebeband ab und füge in Abständen von 5 cm weitere Spieße hinzu. Wiederhole diesen Schritt nochmal, sodass deine Wellenmaschine etwa 3 m lang ist.

6 Wenn 3 m Länge erreicht sind, wickle noch weitere 20 cm Klebeband ab und schneide es dann von der Rolle ab. Lege den anderen Griff auf das Klebeband und wickle ihn so weit ein, dass bis zum letzten Spieß noch etwa 10 cm Platz bleiben.

7 Klebe vom zweiten Griff aus einen neuen Streifen Klebeband (Klebeseite nach unten) genau über dem ersten Streifen über die Spieße.

8 Forme doppelt so viele kleine Knetkugeln, wie du Spieße hast. Die Kugeln sollten alle etwa gleich groß sein.

9 Stecke nun auf jedes Ende der Holzspieße eine Knetkugel. Sei vorsichtig, denn die Spieße sind sehr spitz.

10 Deine Wellenmaschine ist jetzt startklar. Bitte einen Freund oder eine Freundin, einen Griff ganz still zu halten. Du kannst den Griff auch an einem Möbelstück befestigen. Halte den anderen Griff so, dass die Maschine straff ist. Nun drehe diesen Griff leicht und ganz kurz in eine Richtung.

NOCH EINE IDEE

Entstehen andere Wellen, wenn du das Design deiner Maschine änderst? Du kannst die Holzspieße dichter zusammen oder weiter auseinander platzieren oder größere Knetkugeln verwenden. Die Geschwindigkeit deiner Welle misst du ganz einfach, indem du die Zeit stoppst, die sie von einer zur anderen Seite braucht. Dividiere dann die Länge deiner Maschine durch die Anzahl der gestoppten Sekunden.

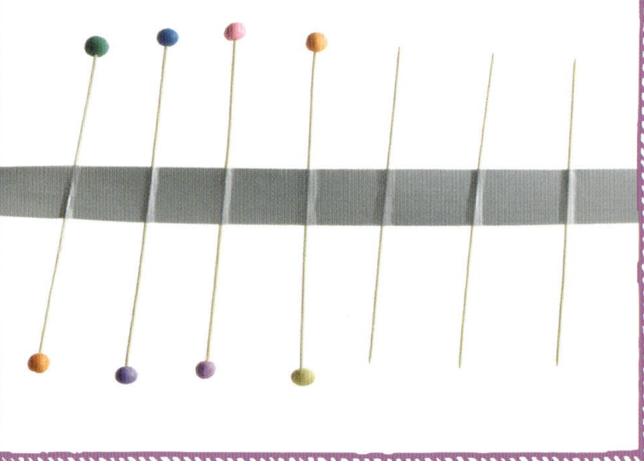

Die beim Drehen aufgewendete Energie wird entlang deiner Wellenmaschine übertragen.

SO FUNKTIONIERT'S

Wellen sind überall und können in verschiedenen Formen auftreten, vom Kräuseln der Wasseroberfläche über Schallwellen und Lichtwellen bis hin zu Radiowellen. Die Wellenmaschine zeigt dir, wie sich die Energie ausbreitet. Nur die Energie breitet sich aus – die Knetkugeln bewegen sich lediglich auf und ab. Alle Wellen haben eine Ausbreitungsgeschwindigkeit, eine Wellenlänge und eine Frequenz. Die Ausbreitungsgeschwindigkeit ist die Geschwindigkeit, mit der sich ein Wellenberg oder ein Wellental fortbewegen. Die Wellenlänge ist der Abstand zwischen zwei Wellenbergen oder zwei Wellentälern. Die Frequenz sagt aus, wie oft eine Welle in einer Sekunde schwingt.

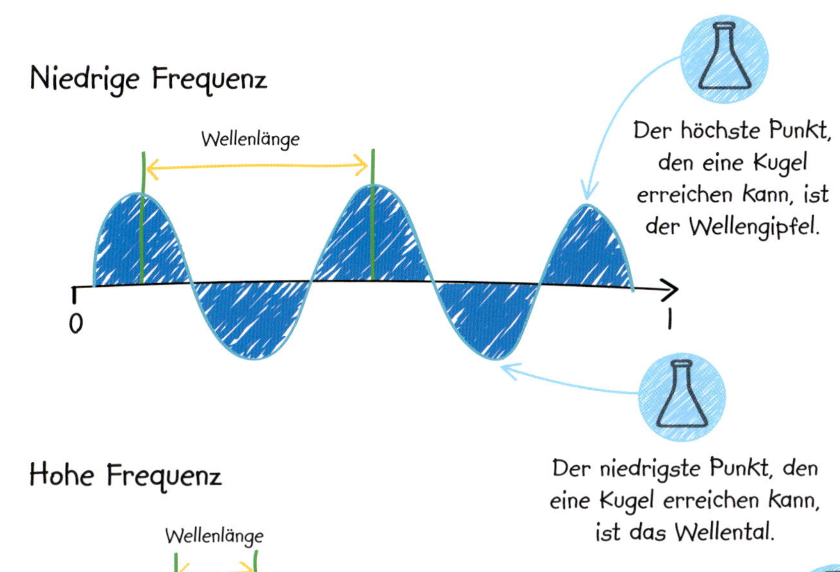

IN DER PRAXIS
GLASFASERKABEL

Ein Großteil der Informationen, die wir über das Internet senden, rast per Infrarotstrahlung durch Glasfaserleitungen um die Welt. Die Lichtwellen schießen durch Kabel, in deren Mitte die lichtführenden Glasfasern liegen. Die Lichtstrahlen werden von der Innenseite des Glasfaserkabels immer wieder zurückreflektiert und so durch das Kabel geleitet. Weil das Licht im Kabel kaum Energie verliert, kann es Daten über weite Strecken transportieren.

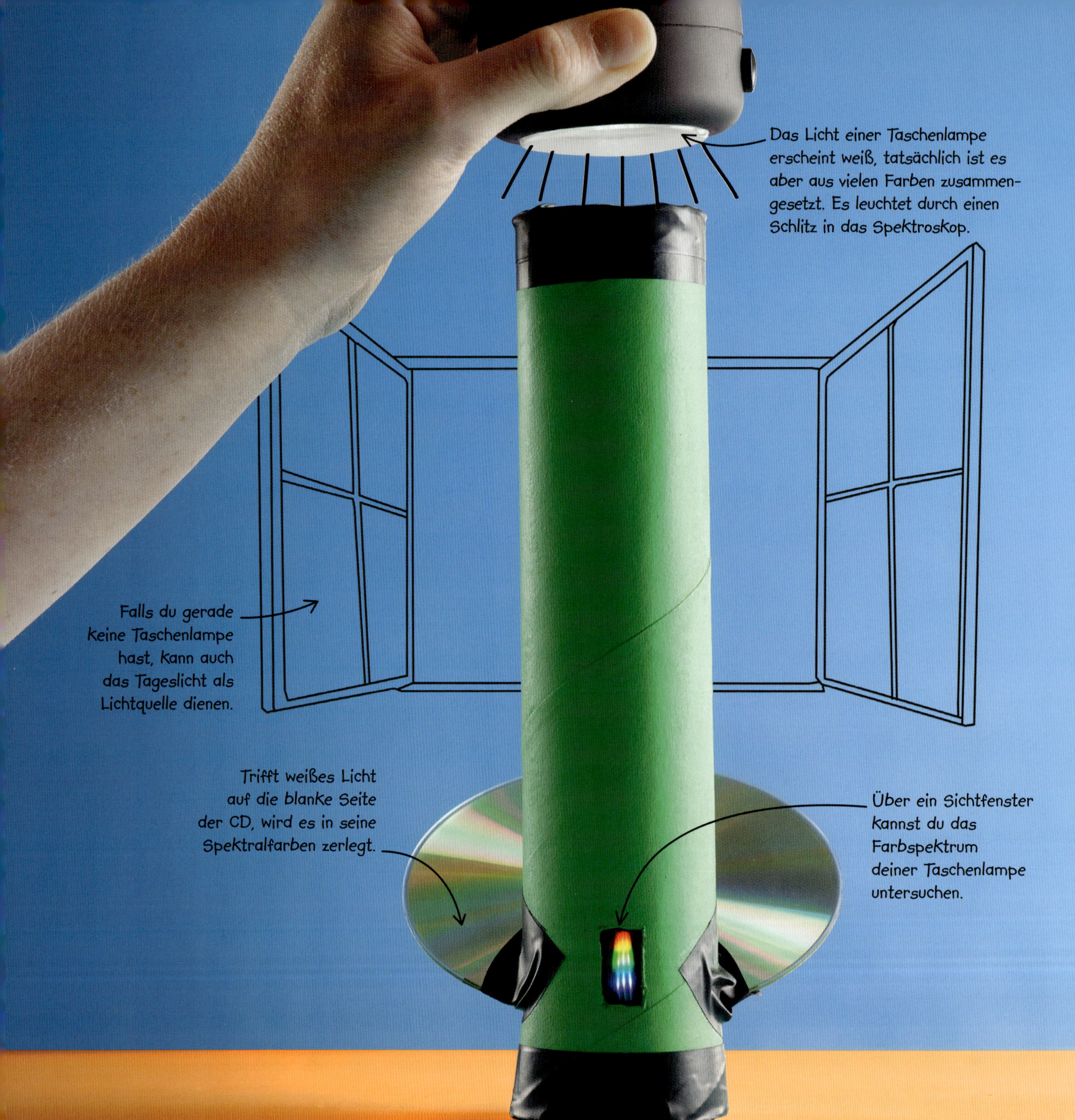

FARBSPEKTRUM

SPEKTROSKOP

Licht sieht weiß aus, tatsächlich aber ist es aus verschiedenen Farben zusammengesetzt. Besonders gut kannst du das an einem Regenbogen sehen. Trifft weißes Licht auf einen Regentropfen, werden die Farben unterschiedlich stark gebrochen. So kommt es zur Farbzerlegung des Lichts. Mithilfe eines Spektroskops kann man die Farbspektren unterschiedlicher Lichtquellen untersuchen.

SO BASTELST DU EIN SPEKTROSKOP

Um das Farbspektrum deutlich zu sehen, benötigst zu eine blitzblanke CD, die das Licht gut reflektiert. Ein kleiner Spalt am oberen Ende der Papphröhre lässt Licht auf die CD fallen. Mit einem Geodreieck oder einem Winkelmesser kannst du den richtigen Winkel für die CD ausmessen. Außerdem brauchst du schwarzes Isolierband, um ungewollten Lichteinfall zu verhindern.

DU BRAUCHST:

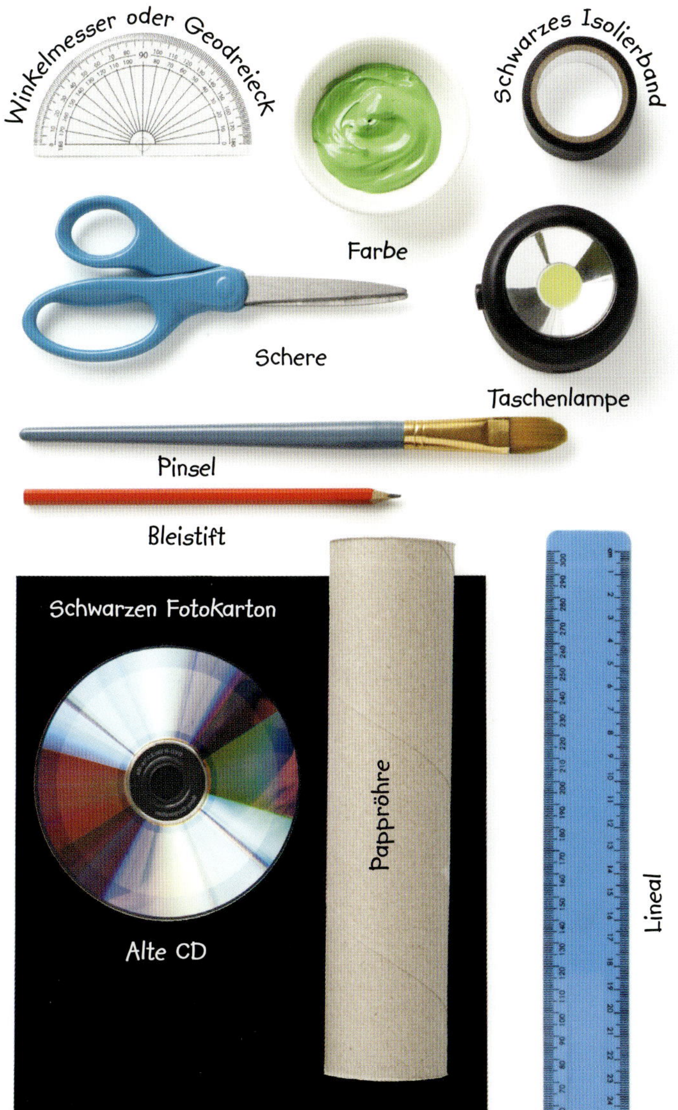

1 Zeichne 3 cm vom Rand der Papprröhre entfernt eine Markierung.

2 Wickle den Fotokarton in Höhe der Markierung um die Röhre und verwende den Rand als Schablone für eine Linie rund um die Röhre.

Die Linealkante muss auf der Linie liegen, die du in Schritt 2 gezeichnet hast.

3 Lege die Linealkante des Winkelmessers oder Geodreiecks an die Bleistiftlinie. Zeichne eine kurze Linie im Winkel von 30°.

4 Zeichne eine zweite 30°-Linie in die andere Richtung, sodass sich die beiden schrägen Linien fast treffen.

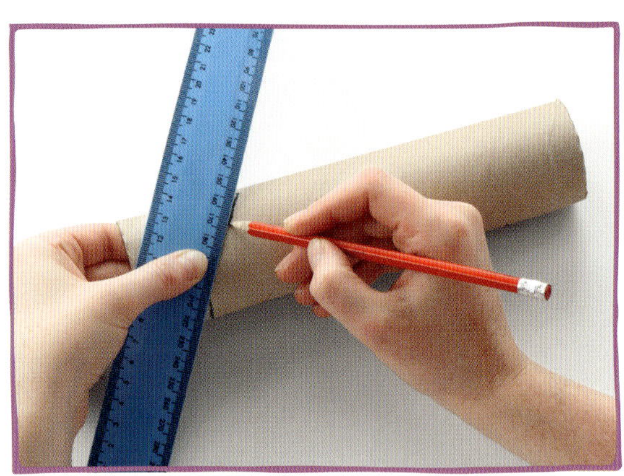

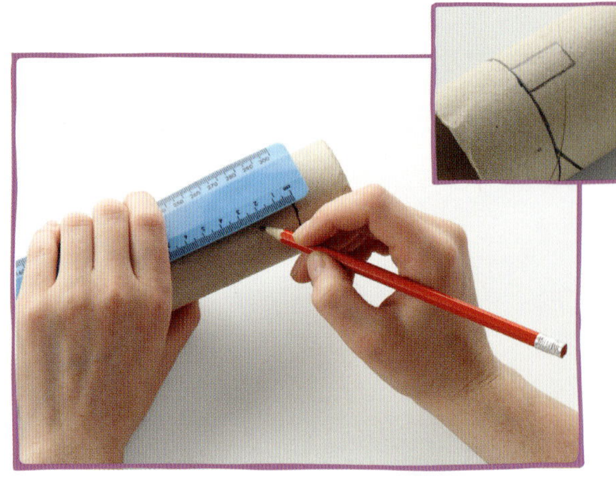

5 Verlängere die beiden schrägen Linien nun mit Lineal und Bleistift so, dass sie mit der durchgezogenen Linie aus Schritt 2 ein Dreieck bilden.

6 Drehe die Röhre und zeichne auf der gegenüberliegenden Seite ein 2 cm hohes und 1 cm breites Rechteck über der Bleistiftlinie aus Schritt 2.

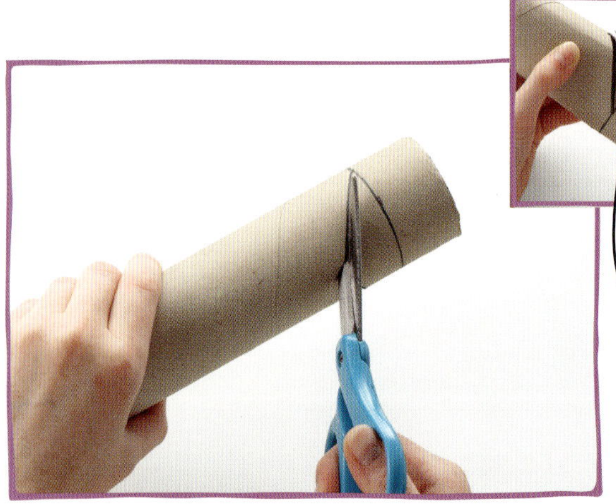

Drücke die Röhre ein wenig zusammen, damit der Schlitz sich öffnet.

7 Schneide entlang der beiden schrägen Linien, sodass ein eckiger Schlitz entsteht. Dort hinein steckst du später die CD.

8 Schneide vorsichtig das kleine Rechteck aus. Dort entsteht das Sichtfenster. Bitte einen Erwachsenen um Hilfe, wenn es zu knifflig ist.

9 Bemale die Röhre in deiner Lieblingsfarbe und lass sie gut trocknen.

10 Schiebe die CD mit der glänzenden Seite nach oben durch den eckigen Schlitz.

Du musst die CD im richtigen Winkel anbringen, damit du das Spektrum deutlich sehen kannst.

11 Befestige die CD mit schwarzem Isolierband an der Röhre.

12 Klebe die Öffnung der Röhre unterhalb der CD gut mit Isolierband ab. Dort darf kein Licht mehr eindringen.

Die untere Öffnung der Röhre muss lichtundurchlässig mit schwarzem Isolierband zugeklebt werden.

13 Stell die Pappröhre auf den Fotokarton, ziehe den Umriss mit dem Bleistift nach und schneide die Kreisscheibe aus.

14 Die Kreisscheibe soll das andere Ende der Röhre verschließen, aber du musst vorher einen Lichtschlitz hineinschneiden. Knicke die Scheibe dafür in der Mitte.

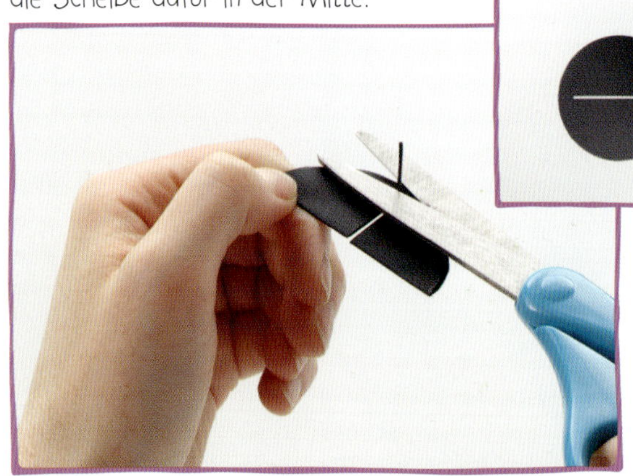

15 Mach dicht nebeneinander zwei Schnitte in die Mitte der gefalteten Kreisscheibe und schneide das dünne Stück vorsichtig heraus.

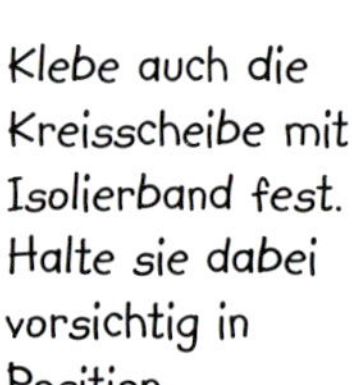

Klebe auch die Kreisscheibe mit Isolierband fest. Halte sie dabei vorsichtig in Position.

16 Falte die Kreisscheibe wieder auf und klebe sie über das offene Ende der Röhre. Der Schlitz muss von links nach rechts verlaufen – wie der Schlitz, in dem die CD steckt.

Das Licht der Taschenlampe fällt durch den Schlitz am oberen Ende in das Spektroskop.

Das Licht trifft auf die CD und wird in seine Spektralfarben aufgespalten.

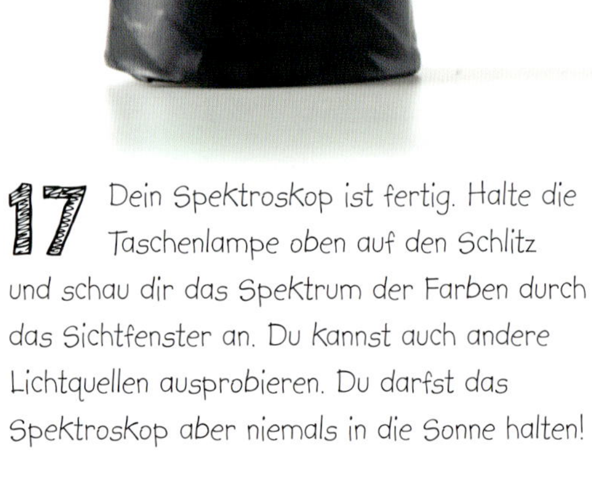

17 Dein Spektroskop ist fertig. Halte die Taschenlampe oben auf den Schlitz und schau dir das Spektrum der Farben durch das Sichtfenster an. Du kannst auch andere Lichtquellen ausprobieren. Du darfst das Spektroskop aber niemals in die Sonne halten!

SO FUNKTIONIERT'S

Weißes Licht ist aus allen Regenbogenfarben zusammengesetzt. Wenn es auf ein spiegelndes Objekt trifft, prallt das Licht ab: Es wird reflektiert. Trifft es auf die blanke Seite einer CD, werden die einzelnen Farben in unterschiedlichen Winkeln reflektiert und das Farbspektrum wird sichtbar.

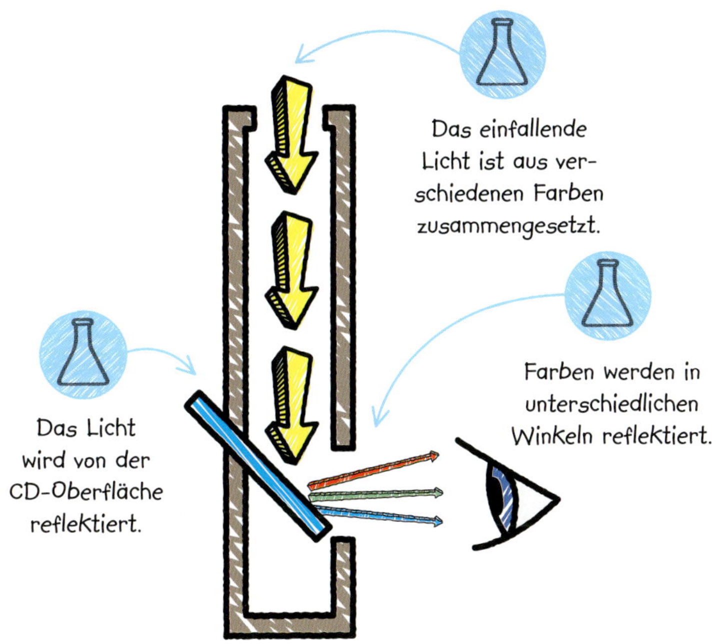

VERGLEICH VERSCHIEDENER LICHTQUELLEN

Beim Vergleich verschiedener Lichtquellen wirst du feststellen, dass es unterschiedliche Spektren gibt. Beispielsweise unterscheidet sich das Spektrum eines Handydisplays vom Tageslichtspektrum. Tageslicht produziert ein kontinuierliches Spektrum ohne Linien, in dem alle Regenbogenfarben vorkommen. Viele künstliche Lichtquellen produzieren dagegen nur bestimmte Farben. Im Spektrum sieht man dann schwarze Linien zwischen den Farben.

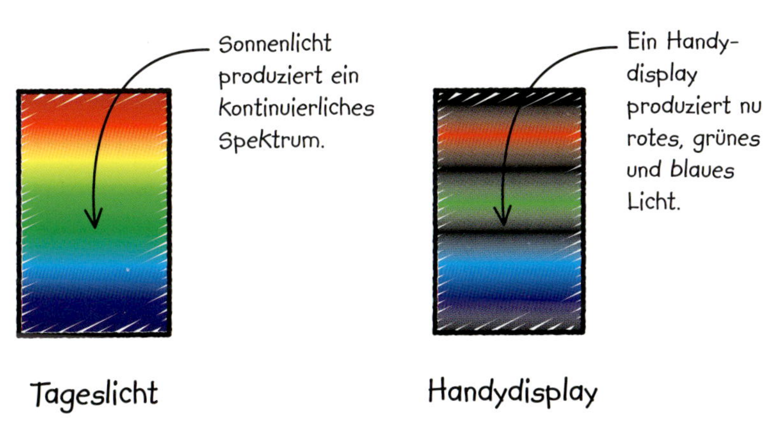

IN DER PRAXIS
STERNENLICHT

Jedes chemische Element produziert beim Verbrennen ein anderes Lichtspektrum. Darum können Chemiker anhand des Lichtspektrums, das beim Verbrennen einer Substanz entsteht, bestimmen, welche Elemente darin enthalten sind. Astronomen verwenden Spektroskope, um Sternenlicht zu untersuchen. Anhand der Linien im Farbspektrum können sie erkennen, welche Elemente vorhanden sind.

SCHALLWELLEN

SINGENDE LÖFFEL

Bei diesem Experiment baust du ein Glockenspiel, das unglaubliche Töne macht, obwohl es nur aus einfachen Metall-Löffeln besteht. Es klingt wie eine große Glocke oder ein Gong, doch diesen Klang hörst du nur, wenn du deine Finger in die Ohren steckst. Wenn die Löffel gegeneinander stoßen, werden sie in Schwingungen versetzt. Diese Bewegungen sind so klein und so schnell, dass man sie nicht sehen kann. Die sogenannten Schallwellen werden in die Schnur übertragen und laufen über deine Finger weiter bis in deine Ohren.

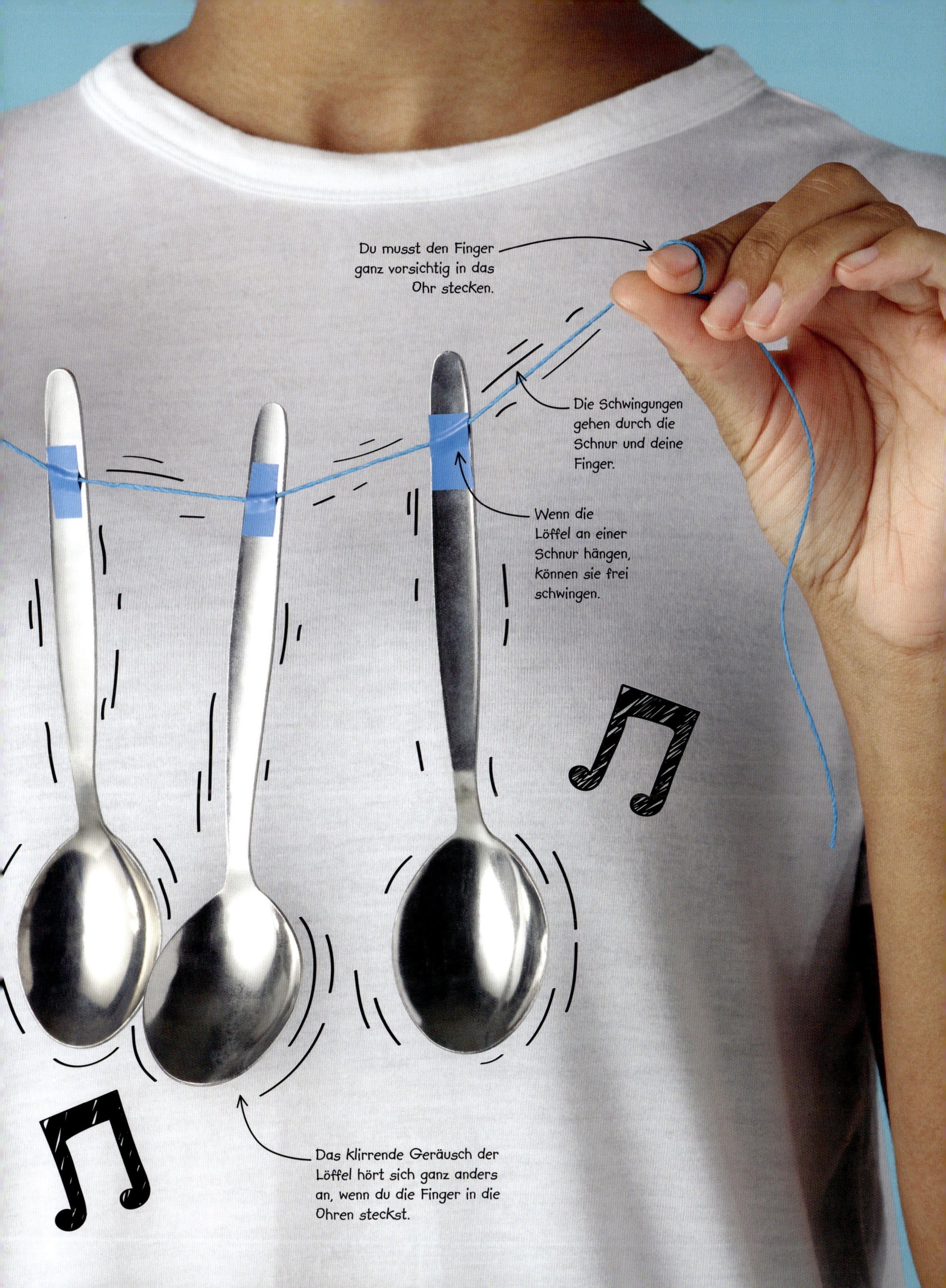
Du musst den Finger ganz vorsichtig in das Ohr stecken.
Die Schwingungen gehen durch die Schnur und deine Finger.
Wenn die Löffel an einer Schnur hängen, können sie frei schwingen.
Das klirrende Geräusch der Löffel hört sich ganz anders an, wenn du die Finger in die Ohren steckst.

SO BAUST DU SINGENDE LÖFFEL

Um diese tollen Geräusche zu erzeugen, musst du lediglich drei Metall-Löffel an einer Schnur befestigen, die Schnur um deine Finger wickeln und die Finger in die Ohren stecken. Dann lass die Löffel aneinanderschlagen. Das Experiment ist super einfach durchzuführen, aber das Ergebnis ist absolut überraschend!

DU BRAUCHST:

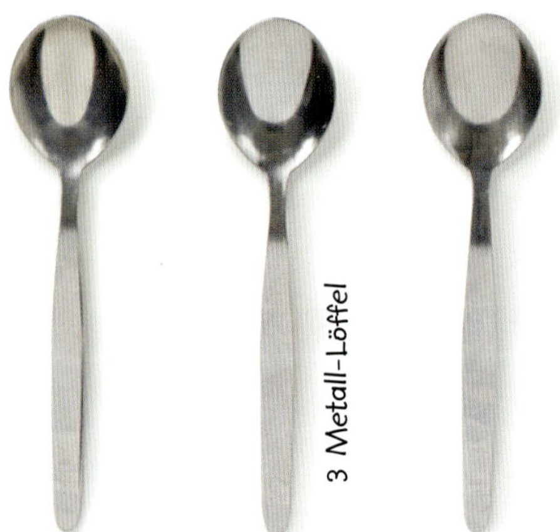

Die Schnur überträgt die Schwingungen, die beim Aneinanderstoßen der Löffel entstehen.

1 Schneide eine Schnur ab, die doppelt so lang wie dein Arm ist. Lege die Schnur auf den Tisch.

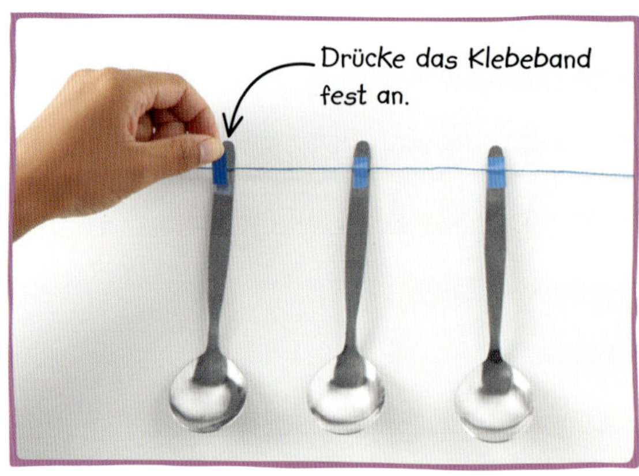

2 Schiebe die drei Löffel mit jeweils ein paar Zentimetern Abstand in der Mitte der Schnur unter das Band. Nimm kleine Stücke Klebeband und fixiere die Löffelstiele damit an der Schnur.

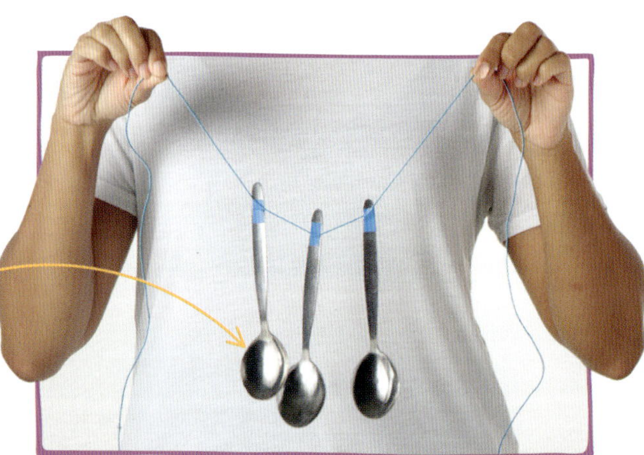

3 Lass die Löffel hin und her baumeln und wickle die Schnur um die Finger. Wenn die Löffel aneinanderstoßen, entsteht ein klirrendes Geräusch.

Wenn Metall in Schwingung gerät, werden Töne erzeugt. Auch Materialien wie Plastik und Holz erzeugen Töne, aber andere als Metall.

Wenn du die Finger in die Ohren steckst, blendest du andere Geräusche aus.

4 Steck nun je einen Finger in die Ohren und lass die Löffel wieder aneinanderschlagen. Die Töne klingen jetzt viel lauter und voller: wie das Läuten einer Glocke.

NOCH EINE IDEE

Wie klingen andere Gegenstände? Probiere es mit Schlüsseln oder Schrauben aus. Was passiert, wenn du Löffel aus Holz oder Plastik verwendest?

SO FUNKTIONIERT'S

Wenn Metall-Löffel aneinander schlagen, geraten sie in Schwingung. Der Klang entsteht, weil die Luftmoleküle ebenfalls in Schwingung geraten. Die unsichtbaren Schallwellen gelangen schließlich durch die Luft bis zu deinen Ohren und klingen zunächst nur blechern. Wenn du aber die Finger in die Ohren steckst, wird der Schall über Feststoffe (Schnur, Finger und Schädelknochen) übertragen. Da die Moleküle in Feststoffen wesentlich dichter aneinander liegen, ist die Schallübertragung über diese Stoffe viel effektiver. Das Ergebnis ist ein sehr lauter und voller Klang.

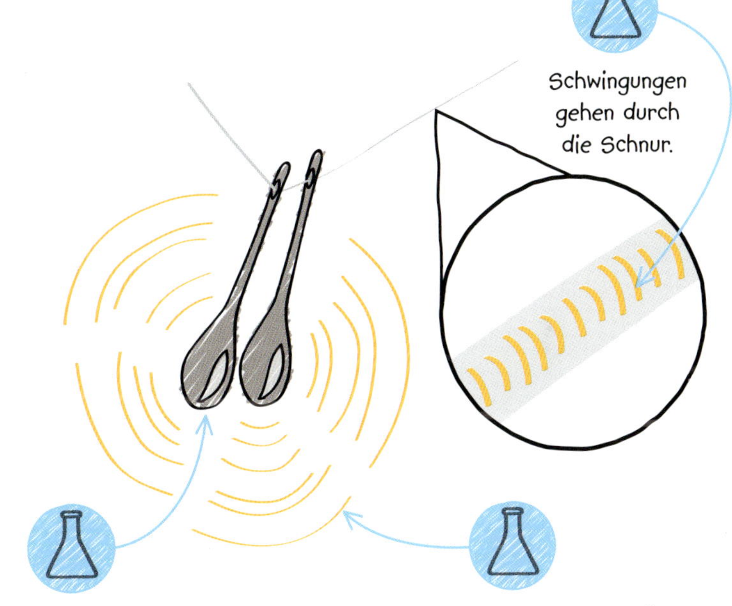

IN DER PRAXIS
STETHOSKOP

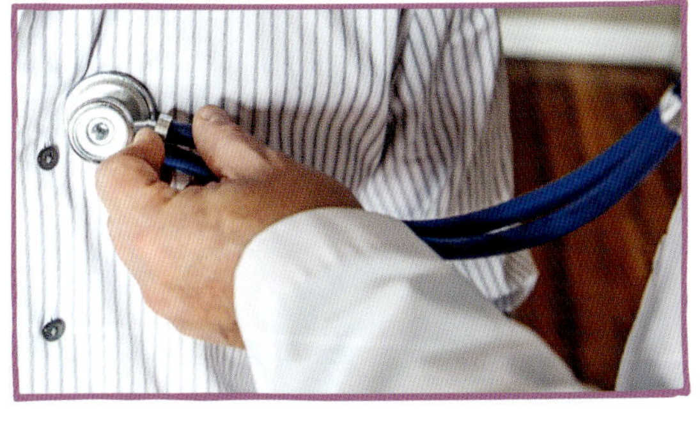

Dein Herzschlag ist so leise, dass du ihn normalerweise nicht hören kannst. Darum benutzen Ärzte zum Abhören des Herzschlags ein Stethoskop. Vorn am Stethoskop ist das Bruststück, das auf den Brustkorb gehalten wird. Durch einen Schlauch wird der Klang zu den Ohren weitergeleitet. Da die Schallwellen sich nicht seitlich ausbreiten können, werden sie nicht abgeschwächt und gelangen in voller Stärke zu den Ohren.

SCHWINGUNGEN

MUND-HARMONIKA

Mit dieser Mundharmonika kannst du Musik machen und du lernst gleichzeitig einiges über Akustik, die Lehre vom Schall. Genau wie ein richtiges Blasinstrument hat auch dieses hier einen Teil, der in Schwingung gerät, wenn du hineinbläst. In dieser selbst gebastelten Version schwingt ein Stück Papier, das von zwei Zahnstochern gehalten wird, die wiederum zwischen zwei Eisstielen klemmen. Leg los und hör dir die ulkigen Geräusche an!

Die Tonhöhe, die du beim Spielen deiner Mundharmonika erzeugst, hängt davon ab, wie schnell das Papier schwingt. Je schneller es vibriert, desto höher ist der Ton.

Eine Mundharmonika zu basteln, ist ein guter Weg Eisstiele zu recyceln. Die Stiele müssen aber vorher ganz trocken sein.
Beim Spielen spürst du das Zittern des Papiers, durch das der Ton entsteht.

SO BASTELST DU EINE

MUND-HARMONIKA

Diese Mundharmonika besteht aus trockenen, sauberen Eisstielen. Alles, was du sonst noch brauchst, sind Gummiringe, Zahnstocher und einen Streifen Papier.

DU BRAUCHST:

1 Lege einen Eisstiel als Schablone auf das Papier, zeichne mit dem Bleistift den Umriss nach und schneide die Form mit der Schere aus.

Klang entsteht durch schwingende Objekte, die die umgebende Luft „stören". In deiner Mundharmonika schwingt das Papier.

2 Lege das ausgeschnittene Papier zwischen die beiden Eisstiele.

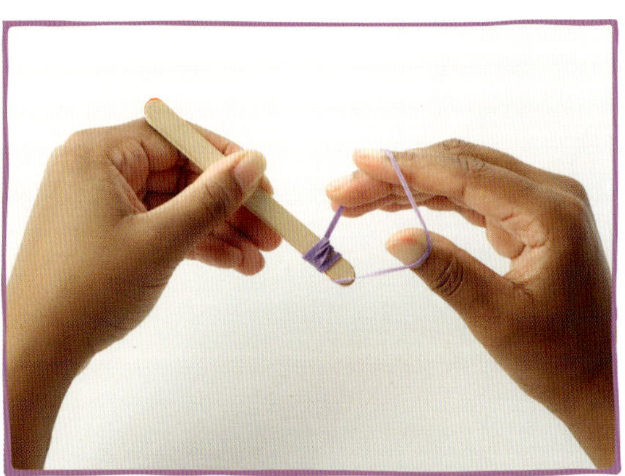

3 Wickle einen Gummiring mehrfach um das eine Ende der beiden Eisstiele, sodass die Stiele gut zusammenhalten.

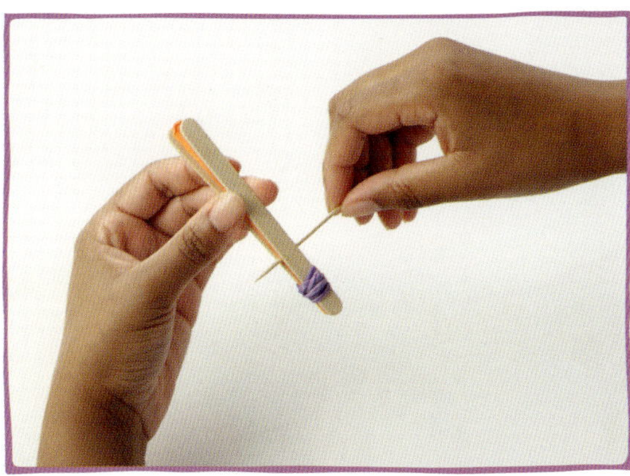

4 Klemme einen Zahnstocher zwischen die beiden Eisstiele und schiebe ihn so nah wie möglich an den Gummiring.

Beide Zahnstocher müssen auf derselben Seite des Papiers stecken.

5 Wickle den anderen Gummiring um das gegenüberliegende Ende und schiebe auf dieser Seite den zweiten Zahnstocher hinein.

6 Kürze die Zahnstocher vorsichtig mit der Schere, damit nichts mehr übersteht. Das Papier muss straff gespannt sein. Nimm die Mundharmonika fest zwischen deine Lippen und blase hinein.

Was passiert, wenn du die Eisstiele mit den Zähnen zusammenpresst und dann hineinbläst?

SO FUNKIONIERT'S

Die Zahnstocher halten das Papier an den Enden straff gespannt. Wenn du hineinbläst, versetzt die vorbeiströmende Luft das Papier in Schwingung. Diese Schwingungen erzeugen einen Druckunterschied (eine Störung) in der Luft und dieser pflanzt sich wellenartig in alle Richtungen fort. Wenn du fester bläst oder die Stiele mehr zusammendrückst, schwingt das Papier schneller und es entsteht ein höherer Ton.

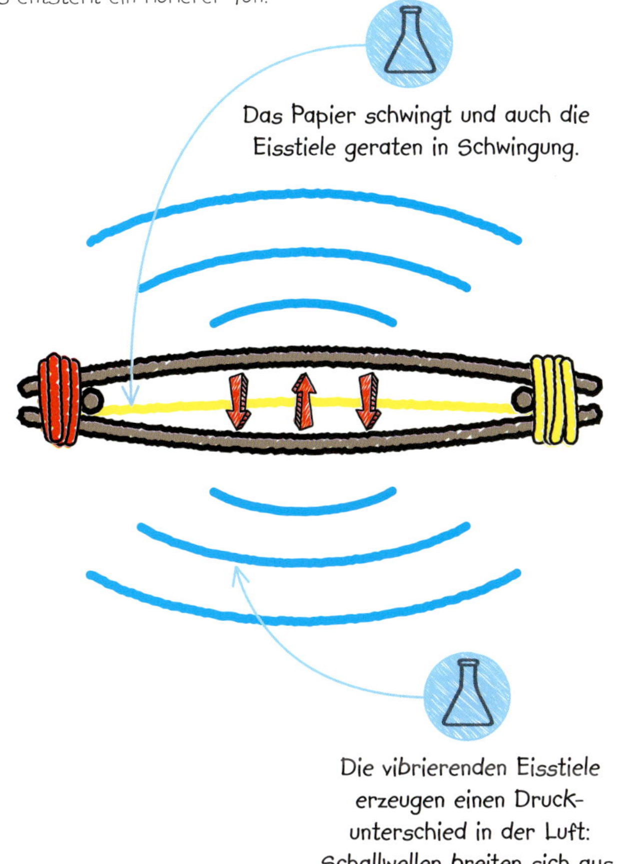

Das Papier schwingt und auch die Eisstiele geraten in Schwingung.

Die vibrierenden Eisstiele erzeugen einen Druckunterschied in der Luft: Schallwellen breiten sich aus.

IN DER PRAXIS

STIMMZUNGEN

Eine echte Mundharmonika erzeugt die Töne nicht mit Papier, sondern durch Stimmzungen. Das sind dünne Messingstreifen, die schwingen, wenn man hineinbläst oder Luft hindurchzieht. Hinter jedem Loch einer Mundharmonika sitzt mindestens eine solche Zunge und jede spielt einen anderen Ton.

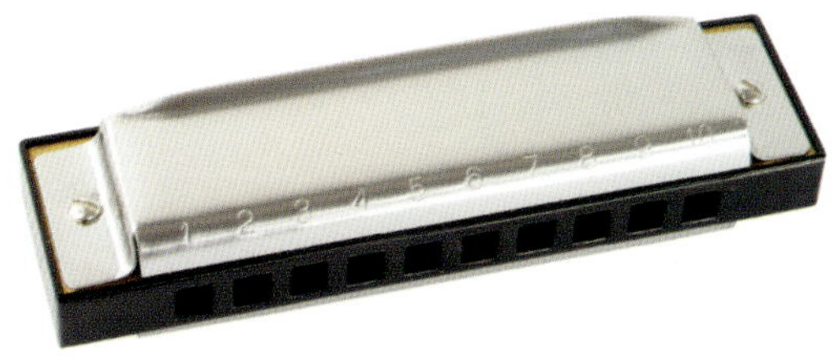

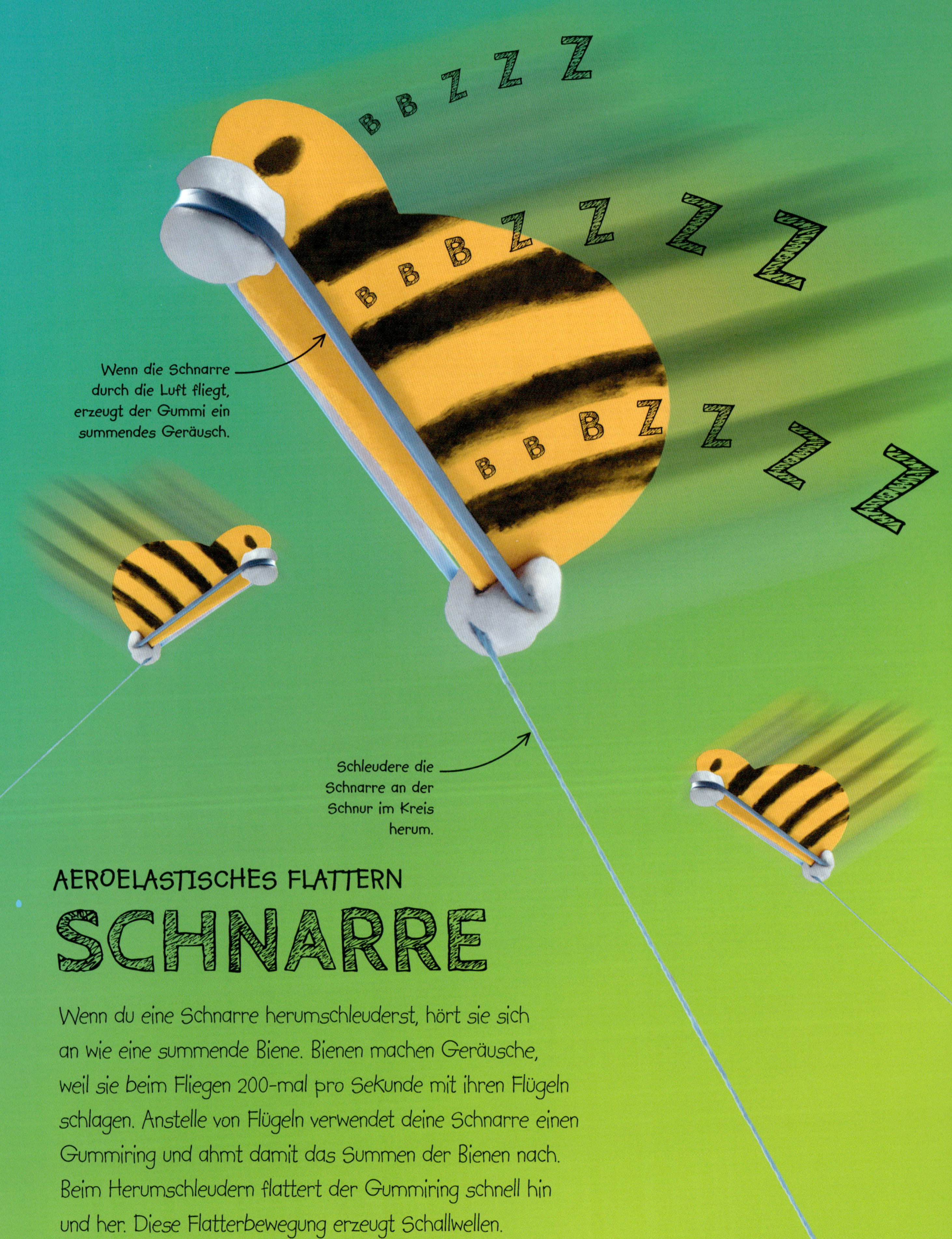

AEROELASTISCHES FLATTERN

SCHNARRE

Wenn du eine Schnarre herumschleuderst, hört sie sich an wie eine summende Biene. Bienen machen Geräusche, weil sie beim Fliegen 200-mal pro Sekunde mit ihren Flügeln schlagen. Anstelle von Flügeln verwendet deine Schnarre einen Gummiring und ahmt damit das Summen der Bienen nach. Beim Herumschleudern flattert der Gummiring schnell hin und her. Diese Flatterbewegung erzeugt Schallwellen.

SO BASTELST DU EINE

SCHNARRE

Die Schnarre wird aus einem Eisstiel, einem Gummiring, etwas Pappe, einer Schnur und Klebemasse hergestellt. Sie ist schnell und einfach zu bauen, aber vielleicht musst du einzelne Bauteile ein bisschen anpassen, bis alles richtig gut funktioniert. Es kann zum Beispiel sein, dass nicht jeder Gummiring das richtige Geräusch erzeugt. Probiere einfach verschiedene aus.

DU BRAUCHST:

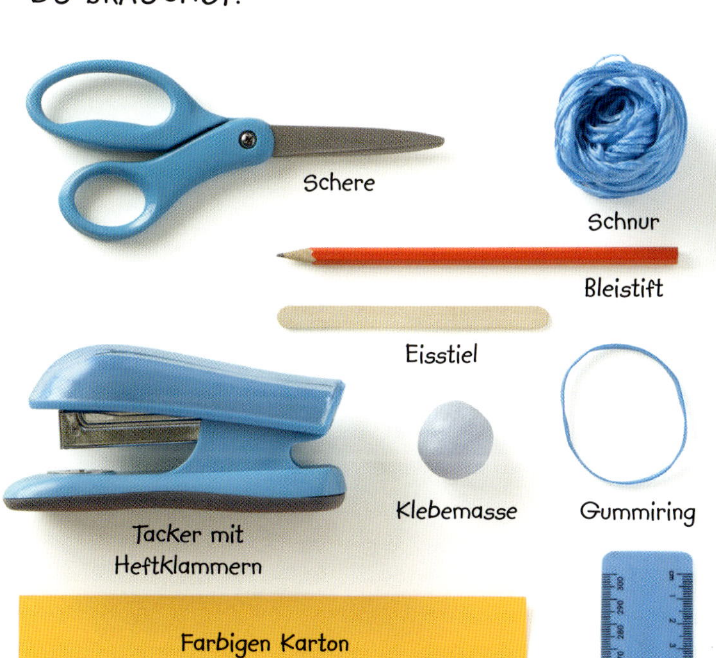

1 Falte den Karton in der Mitte. Fahre den Knick fest mit dem Finger nach, sodass eine Falzkante entsteht.

2 Lege den Eisstiel an die Falzkante. Zeichne an beiden Seiten des Stiels in 1 cm Abstand zum Stielende eine Markierung auf die Kante.

3 Zeichne eine geschwungene Linie von einer Bleistiftmarkierung zur anderen, ähnlich wie im Bild. Sie bildet den Umriss der Biene.

4 Schneide entlang der Linie durch beide Schichten. Wenn du den Karton auffaltest, erhältst du eine symmetrische Bienenform.

5 Lege den Eisstiel in den Falz und tackere einmal vorn und hinten durch Karton und Eisstiel, damit der Stiel nicht verrutschen kann.

6 Schneide ein mindestens 50 cm langes Stück Schnur ab und knote ein Ende davon auf einer Seite des Eisstiels fest.

7 Drücke an jedem Ende des Stiels etwas Klebemasse fest.

8 Spanne den Gummiring über die beiden Klumpen. Er darf nicht verdreht sein. Beide Seiten müssen parallel verlaufen und dürfen den Stiel nicht berühren.

Durch den gefalteten Karton hat die Schnarre eine stromlinienförmige Gestalt, die immer in Flugrichtung schaut.

Wenn die Schnarre mit der Zeit ihren Sound verliert, löse den Gummi etwas von der Knete und versuche es noch einmal.

9 Biege die Flügel ein wenig auf und suche dir einen freien Platz, an dem deine Schnarre weder Gegenstände noch Personen treffen kann. Schleudere die Schnarre schnell in großen, gleichmäßigen Kreisen. Ist sie zu leise, probiere dickere und dünnere Gummis aus, bis du das passende gefunden hast.

Schleuderst du die Schnarre an einer Schnur, wirkt eine Zentripetalkraft auf die Schnarre und hält sie in der Kreisbahn, sodass sie nicht davonfliegt.

SO FUNKTIONIERT'S

Der schnarrende Ton entsteht durch aeroelastisches Flattern. So nennt man es, wenn ein bewegliches Objekt durch einen starken Luftstrom in Schwingung versetzt wird. Der Gummiring flattert etwa 200-mal pro Sekunde. Dies ist dieselbe Frequenz wie beim Flügelschlag einer Biene und daher entsteht ein ähnliches Geräusch. Einen noch lauteren Ton bekommst du hin, wenn du einen Grashalm zwischen deine Daumen spannst und mit den Lippen fest in die Lücke zwischen den Daumen bläst.

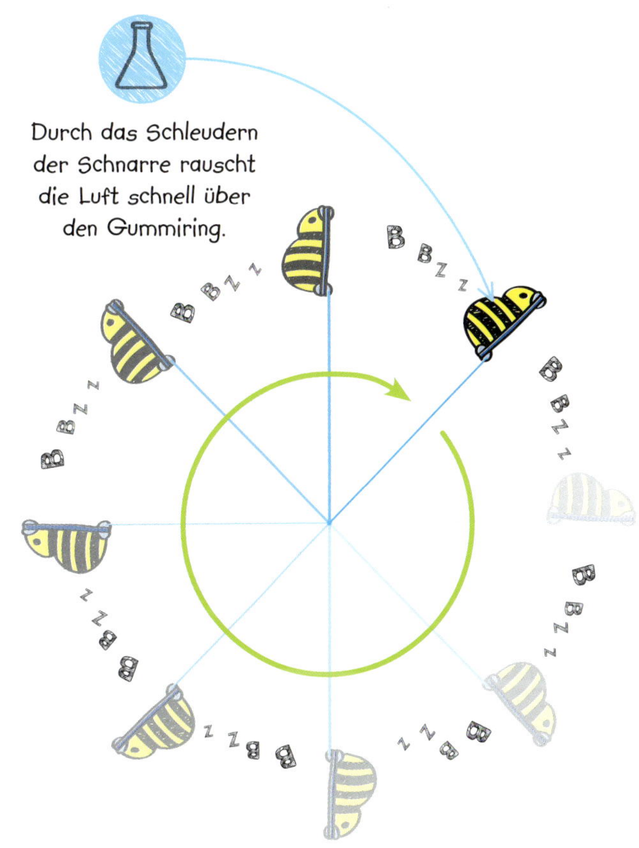

IN DER PRAXIS
TACOMA-NARROWS-BRÜCKE

1940 wurde die drittgrößte Hängebrücke weltweit, die Tacoma-Narrows-Brücke in den USA, von starken Stürmen in ein so gewaltiges Flattern versetzt, dass sie auseinanderriss und zusammenstürzte. Inzwischen werden beim Flugzeug- und Brückenbau aeroelastische Effekte mit größter Sorgfalt berechnet, damit solche Unfälle nicht passieren.

Die Saiten müssen
straff gespannt sein.
Du kannst die Saiten
straffen, indem du an
den Haken drehst.

TONERZEUGUNG BEI EINEM SAITENINSTRUMENT

GITARRE

Wenn du Musik machst, lernst du ganz automatisch auch etwas über Schallwellen. Diese selbst gebaute Gitarre hilft dir dabei. Die Saiten bestehen aus Angelschnur und der Klangkörper ist eine alte Eiscremedose. Die Herstellung ist gar nicht so schwierig. Folge einfach Schritt für Schritt der Anleitung und du wirst dich wundern, wie toll dein Instrument klingt.

Die Schwingungen der Saiten werden an den Klangkörper weitergegeben.

Der Klangkörper gibt die Schwingungen als „Störung“ an die Umgebungsluft weiter und die Schallwellen breiten sich aus.

SO BAUST DU EINE GITARRE

Die beiden wichtigsten Dinge, die du benötigst, sind die Saiten und der Klangkörper. Bei diesem Projekt werden die Saiten aus Angelschnur hergestellt und der Klangkörper aus einer alten Eiscremedose. Der Gitarrenhals wird aus mehreren Streifen Wellpappe zusammengeklebt.

DU BRAUCHST:

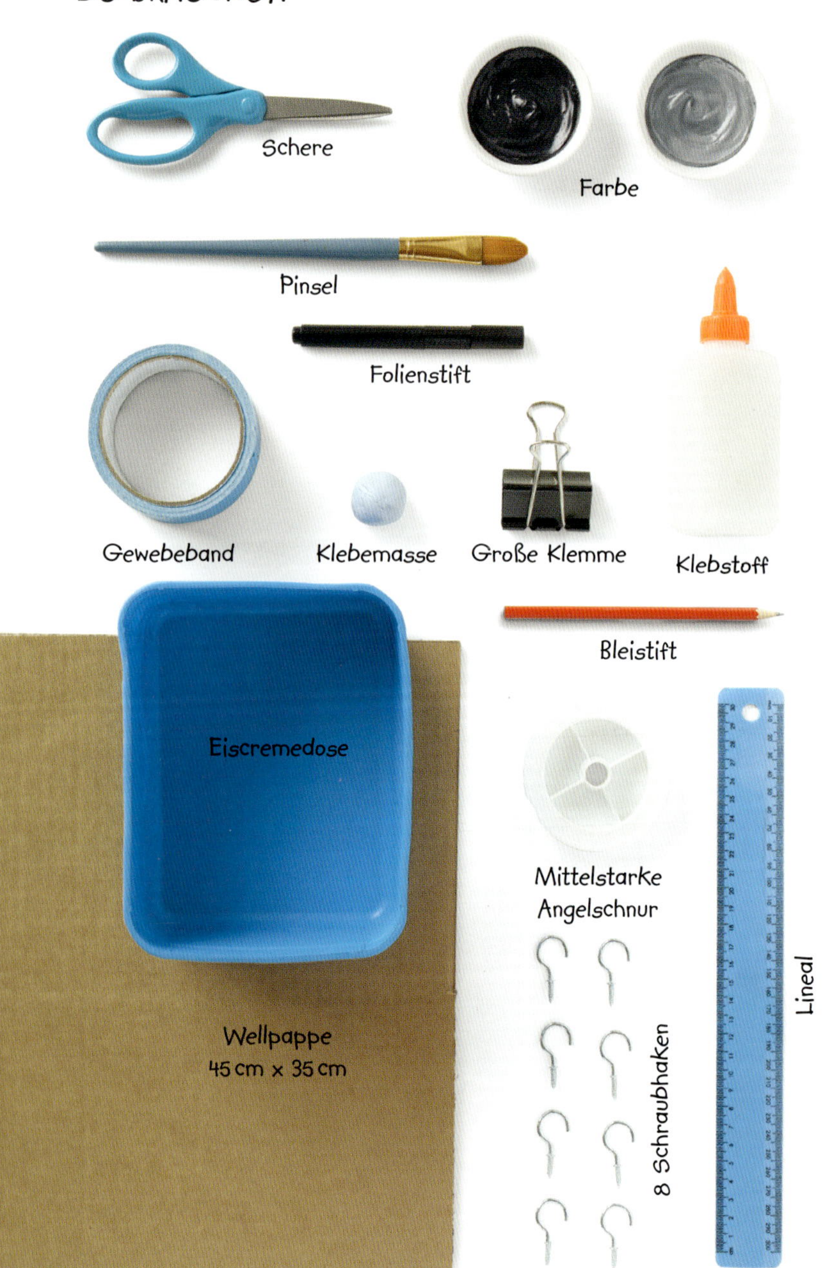

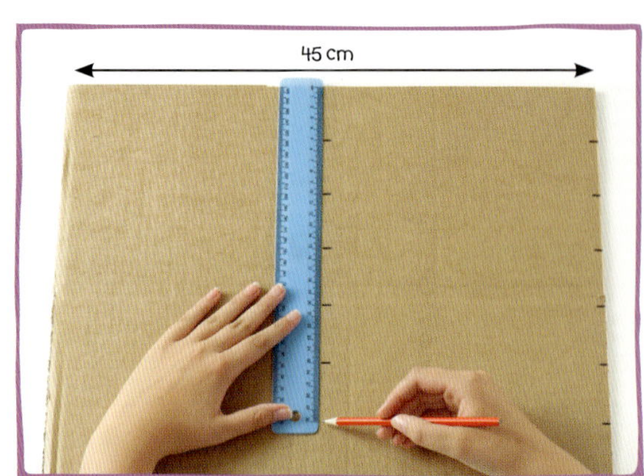

1 Zeichne mit dem Bleistift an der kurzen Seite der Pappe alle 5 cm Markierungen auf den Rand. Wiederhole das Ganze in der Mitte.

2 Verbinde die Markierungen mit Lineal und Bleistift und verlängere sie über die gesamte Breite der Wellpappe zu parallelen Linien.

3 Schneide nun entlang dieser Linien, sodass du sieben 45 cm lange und 5 cm breite Pappstreifen erhältst.

4 Markiere an der langen Kante eines Streifens genau die Mitte (22,5 cm von beiden Enden entfernt).

5 Zerschneide den langen Pappstreifen an der Markierung, die du gerade gemacht hast, in zwei gleich große Teile.

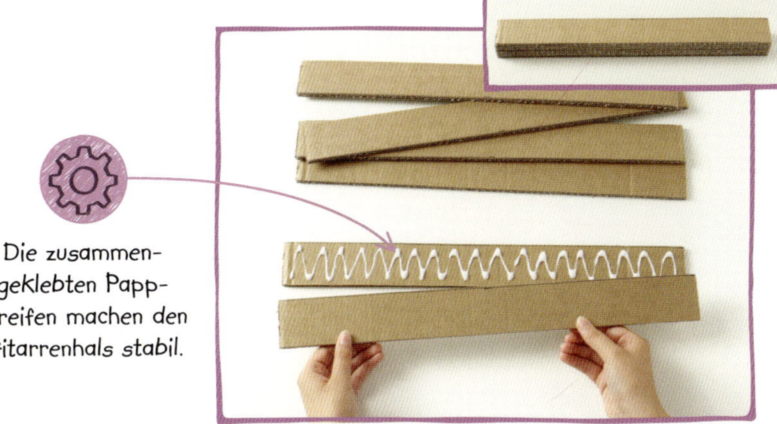

Die zusammengeklebten Pappstreifen machen den Gitarrenhals stabil.

6 Klebe die anderen sechs Rechtecke aufeinander. Trage den Kleber so auf, wie im Bild oben zu sehen.

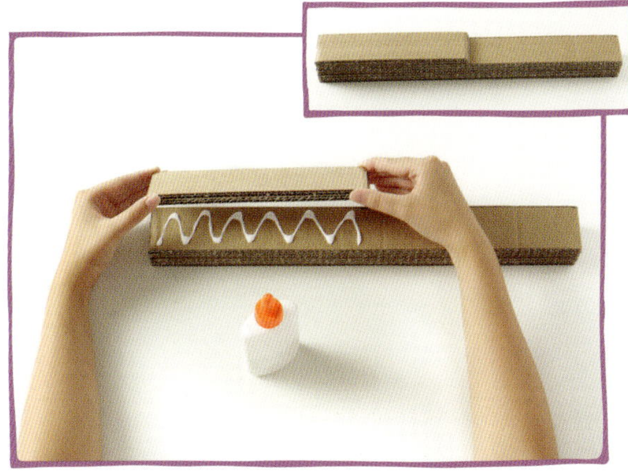

7 Klebe die beiden kürzeren Stücke an ein Ende des Stapels, sodass eine Seite dicker ist als die andere. Dies wird der Gitarrenhals.

8 Mische etwas Kleber in die Farbe für den Gitarrenhals. So wird er durch das Anmalen noch stabiler.

Der Gitarrenhals muss stark genug sein, um der Zugkraft der gespannten Saiten standzuhalten.

9 Trage die Mischung aus Farbe und Kleber auf und lass das Ganze mindestens eine halbe Stunde trocknen.

Damit unsere Gitarre möglichst echt aussieht, haben wir Bundstäbchen aufgemalt, die bei einem echten Instrument anzeigen, wo die einzelnen Töne sitzen.

So stellst du sicher, dass der Gitarrenhals bündig mit der Eiscremedose abschließt.

10 Wickle ein paar Streifen Gewebeklebeband um beide Enden des Gitarrenhalses, damit diese noch stabiler werden.

11 Stell die Eiscremedose auf die kurze Seite und halte das dicke Ende des Gitarrenhalses an den Rand. Markiere auf der Dose den Übergang zwischen dickem und dünnem Teil des Halses.

Halte den Gitarrenhals in die Mitte der kurzen Seite.

Lege etwas Klebemasse unter, um den Tisch zu schützen.

12 Halte das dünne Ende des Gitarrenhalses rechts und links mittig zu den Seiten der an die Markierung aus Schritt 11. Zeichne mit dem Folienstift den Umriss nach.

13 Wiederhole die Schritte 11 und 12 auf der gegenüberliegenden Seite. Du hast nun zwei Rechtecke auf der Dose. Stich von innen vorsichtig mit der Schere ein Loch in die Mitte jedes Rechtecks.

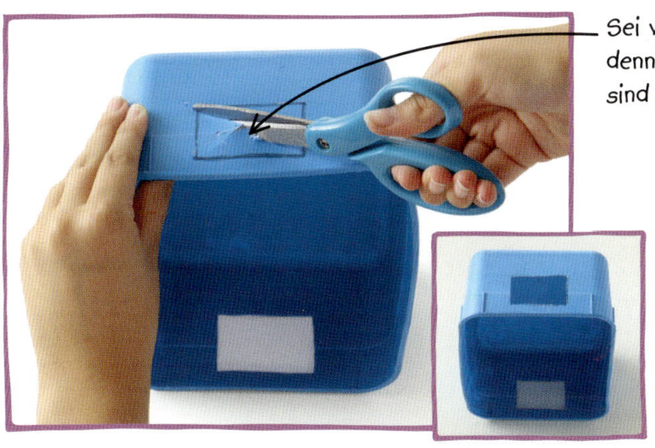

14 Schneide die beiden Rechtecke aus. Starte bei dem Loch in der Mitte, schneide zu einer Ecke und dann entlang der Kanten.

15 Schiebe den Gitarrenhals mit der dünnen Seite durch die Löcher, und zwar so weit, bis die Verdickung an die Dose stößt.

16 Markiere am dicken Ende des Halses im Abstand von etwa 1 cm vom Seitenrand jeweils einen Punkt. Male darüber zwei weitere Punkt auf, deren Abstand zueinander kleiner ist.

17 Schraube vier Haken in die Markierungen. Daran werden die Gitarrensaiten befestigt.

18 Zeichne vier weitere Punkte im Abstand von 1 cm auf das Klebeband am anderen Ende, diesmal aber alle in einer Linie.

19 Schraube in jeden der vier Punkte einen Haken. Die offene Seite muss vom Klangkörper weg zeigen.

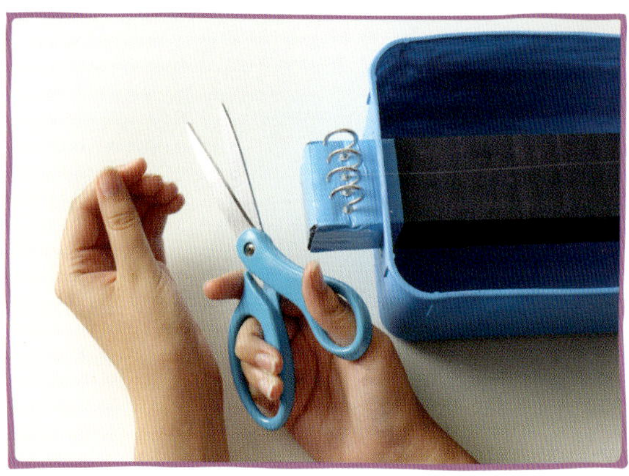

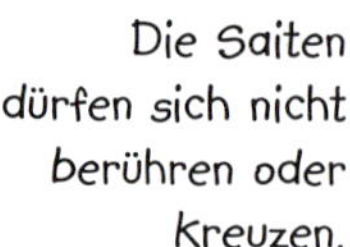

20 Schneide 4 Stücke von der Angelschnur ab, jedes etwa 10 cm länger als der Abstand zwischen den beiden 4er-Haken-Sets.

21 Knote an jeden Haken am dicken Endes des Gitarrenhalse eine Schnur. Ziehe die Knoten so fest wie möglich.

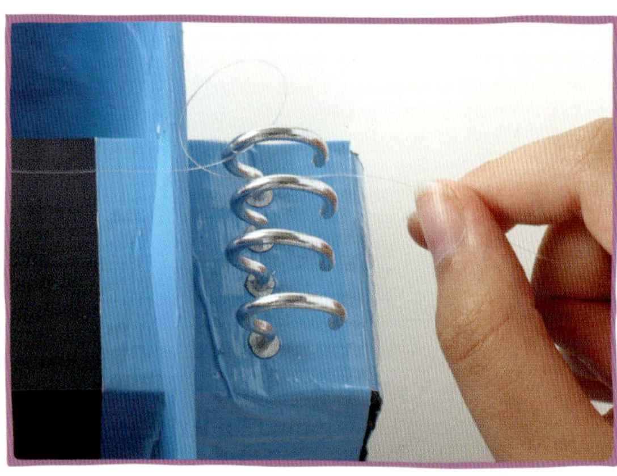

22 Zieh jede Schnur straff zum jeweils gegenüberliegenden Haken auf der dünnen Seite. Wickle sie zweimal um den Haken, jedoch ohne sie zu verknoten.

23 Ziehe die vier nicht verknoteten Enden der Angelschnüre straff und klemme sie mit der großen Klemme fest. Jetzt kannst du spielen! Zupfe die Saiten mit den Fingern der einen Hand, während du sie mit denen der anderen Hand am Gitarrenhals herunterdrückst.

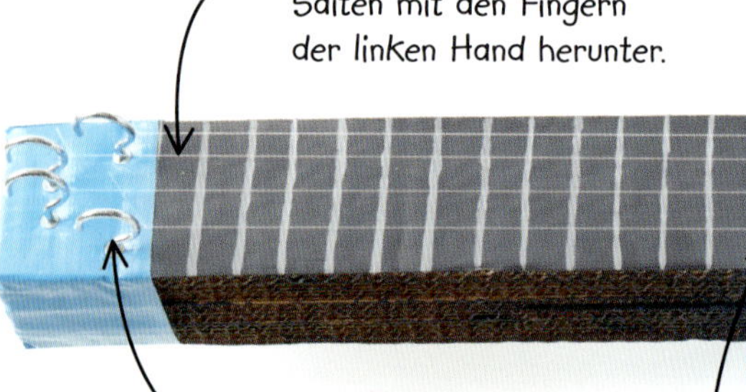

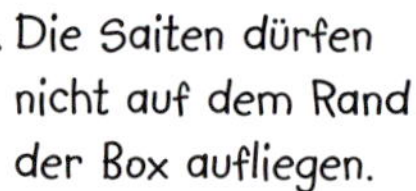

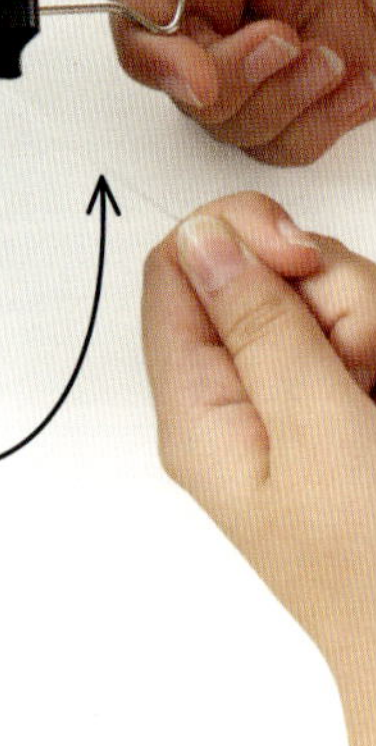

SO FUNKTIONIERT'S

Wenn du eine Saite zupfst, schwingt sie mehrmals pro Sekunde. Je mehr Spannung auf der Saite ist (je straffer sie gespannt ist), desto schneller schwingt sie – und umso höher ist der Ton. Wenn man auf eine Saite drückt, verändert das den Ton ebenfalls. Durch das Drücken berührt die Saite den Gitarrenhals und nur noch der untere Teil der Saite schwingt. So erzeugst du einen Ton, der beispielsweise eine Oktave höher ist. Die Saiten bringen den Körper der Gitarre zum Schwingen. Durch seine größere Oberfläche entsteht mehr „Störung" in der Umgebungsluft. So werden die durch Schwingung der Saiten ausgelösten Schallwellen verstärkt und die Töne sind lauter zu hören.

Zupfen bewirkt Schwingung.

Drückst du eine Saite mit dem Finger auf die Pappe, „verkürzt" du damit die Saite und ein anderer Ton entsteht.

Ohne den Klangkörper wären die von den Saiten ausgelösten Schallwellen kaum hörbar.

Länge, Spannung und Dicke der Saite beeinflussen die Töne.

Durch Schwingung verstärkt der Gitarrenkörper den Klang der Saiten.

IN DER PRAXIS

AKUSTISCHE GITARRE

Akustische Gitarren haben sechs unterschiedlich dicke Saiten. Je dicker die Saite, desto tiefer ist der Ton. Damit kann die Gitarre eine große Bandbreite an Tönen und Klängen erzeugen. Anders als deine Eisdosen-Gitarre haben echte akustische Gitarren einen fast geschlossenen Klangkörper mit einem Schallloch. Dadurch können tiefe Töne besser verstärkt werden, denn die Luft im Inneren der Gitarre wird zusammengepresst und dehnt sich dann aus. Das Material, aus dem eine Gitarre besteht, hat großen Einfluss auf ihren Klang. Normalerweise sind akustische Gitarren aus Holz, aber man kann auch Metall oder Kunststoff verwenden.

GLOSSAR

AEROELASTIZITÄT
Überbegriff für die physikalischen Vorgänge, die entstehen, wenn ein elastisches Objekt von Luft umströmt wird. Die ausgeübten Kräfte können Körper zum Schwingen anregen.

AKUSTIK
Die Wissenschaft vom Schall und seiner Erzeugung

ATOM
Ein winzig kleines Teilchen Materie. Ein Atom ist die kleinste Einheit eines Elements. Atome bestehen aus Protonen, Neutronen und Elektronen.

AUFTRIEB
Eine Kraft, die ein Objekt in der Luft nach oben drückt. Sie entsteht, wenn der Luftdruck unter dem Objekt größer ist als über ihm.

BASE
Eine Substanz mit einem pH-Wert über 7. Eine Base ist das chemische Gegenteil einer Säure.

CHEMISCHE REAKTION
Ein Vorgang, bei dem die Atome von mindestens zwei Elementen aufeinander einwirken, und Verbindungen eingehen oder bestehende Verbindungen in eine neue Verbindung umgewandelt werden.

DICHTE
Das Maß für die Menge an Masse, die in einem bestimmten Volumen enthalten ist. Gestein ist z. B. viel dichter als Wasser.

DRUCK
Ein Maß, wie fest eine Kraft auf eine Oberfläche einwirkt.

ELEKTRON
Ein winziges negativ geladenes Teilchen in einem Atom. Wenn Elektronen sich bewegen, entsteht Elektrizität.

ELEMENT
Ein Stoff, der nur aus einer Art von Atomen besteht und durch chemische Reaktionen nicht weiter gespalten werden kann.

ELLIPSE
Eine ovale Kurve. Die Umlaufbahnen der Planeten um die Sonne sind Ellipsen.

ENERGIE
Die Fähigkeit, Arbeit zu verrichten. Es gibt verschiedene Formen von Energie: elektrische Energie, Bewegungsenergie und potenzielle Energie (Lageenergie).

FARBSPEKTRUM
Weißes Licht ist aus allen Regenbogenfarben zusammengesetzt. Wenn es z. B. von einem Regentropfen reflektiert wird, werden alle enthaltenen Farben, also das ganze Farbspektrum, sichtbar.

FLATTERN
Eine sehr schnelle Schwingung, die entsteht, wenn sich ein Objekt mit großer Geschwindigkeit durch die Luft bewegt.

GEL
Eine weiche, aber doch feste Substanz, in der Flüssigkeit gebunden ist. Geliermittel verwandeln Flüssigkeit in Gel.

GEMISCH
Eine Substanz, in der mehrere Verbindungen oder Elemente gemischt sind. Luft ist ein Gasgemisch.

GENERATOR
Eine Maschine zur Stromerzeugung. Sie verwandelt Bewegungsenergie in elektrische Energie.

GEWICHTSKRAFT
Die auf einen Körper wirkende Kraft, die durch die Schwerkraft verursacht wird, welche alle Dinge zum Boden zieht. Je mehr Masse ein Körper hat, desto größer auch sein Gewicht.

HEBEL
Ein Stab oder eine Stange, mit der man z. B. kleine Kräfte in große umwandeln kann. Die Stange bewegt sich dabei um einen festen Punkt.

ION
Ein Atom mit negativer oder positiver elektrischer Ladung.

ISOLIERSTOFF
Ein Material, das Wärme schlecht leitet. Deine Kleidung isoliert deinen warmen Körper gegen die kalte Luft im Freien.

KOHLENDIOXID
Eine chemische Verbindung aus Kohlenstoff und Sauerstoff, die als Gas in der Luft und in Sprudelgetränken vorkommt.

KOLBEN
Der bewegliche Teil eines Verbrennungsmotors.

KRAFT
Ein Zug oder Druck. Kräfte ändern die Bewegung und lassen Objekte schneller oder langsamer werden und die Richtung ändern. Sie können auch Dinge verformen.

KÜNSTLICH
Etwas, das es in der Natur nicht gibt. Eine Taschenlampe ist eine künstliche Lichtquelle.

KURBELWELLE
Teil einer Maschine, der eine Drehbewegung eines oder mehrerer Kolben mithilfe eines Pleuel in eine Hin- und Her-Bewegung umwandelt.

LAGER
Teil einer Maschine, der die Reibung von bewegten Teilen verkleinert. Räder haben Kugellager, damit sie sich frei drehen können.

LEITER
Material, das Wärme oder Elektrizität gut weiterleitet. Metalle sind gute Leiter.

LÖSUNG
Mischung, bei der eine Substanz in einer Flüssigkeit gelöst ist.

LUFTDRUCK
Der Druck, den die Luft ausübt, auch atmosphärischer Druck genannt.

LUFTWIDERSTAND
Reibung, die entsteht, wenn sich ein Objekt durch die Luft bewegt. Ein bewegtes Objekt wird durch den Luftwiderstand gebremst.

MASSE
Ein Maß dafür, wie viel Materie ein Gegenstand enthält. Je größer die Masse, umso stärker wird ein Objekt von einer anderen Masse (z. B. der Erde) angezogen.

MOLEKÜL
Zwei oder mehrere miteinander verbundene Atome.

NOCKENWELLE
Teil einer Maschine, der eine Drehbewegung in eine Auf- und Abbewegung übersetzt. In einem Verbrennungsmotor öffnen Nockenwellen die Ein- und Auslassventile.

pH-WERT
Ein Maß für die Konzentration von Wasserstoffionen in einer Lösung. Je mehr Wasserstoffionen die Lösung enthält, desto niedriger der pH-Wert und desto saurer ist die Lösung.

PYRAMIDE
Ein Körper mit quadratischer oder dreieckiger Grundfläche und Seitenflächen, die in einem gemeinsamen Punkt enden.

REIBUNG
Eine Kraft, die der Bewegung eines Körpers Widerstand leistet. Reibung entsteht überall, wo sich zwei Oberflächen gegeneinander bewegen.

SÄURE
Substanz mit einem pH-Wert unter 7. Starke Säuren (pH zwischen 1 und 3) können die Haut verätzen. Schwache Säuren (pH zwischen 4 und 7) sind in Essig und Cola enthalten.

SCHALL
Eine unsichtbare Schwingung, die sich in Form von Schallwellen durch die Luft (oder Flüssigkeiten und Festkörper) bewegt.

SCHWERKRAFT
Die Anziehungskraft zwischen zwei Dingen. Es ist auch die Kraft, die uns am Boden hält. Die Schwerkraft, auch Erdanziehungskraft genannt, zieht alles zum Mittelpunkt der Erde hin und verleiht den Dingen ihr Gewicht.

SCHWINGUNG
Gitarrensaiten schwingen, wenn man sie zupft, dabei entstehen Schallwellen.

TURBINE
Eine Maschine mit Flügeln, die durch Luft, Wasser oder Dampf zum Drehen gebracht werden. Mit Wind- und Wasserturbinen wird häufig Elektrizität erzeugt.

UMLAUFBAHN
Die Bahn eines Planeten oder Kometen um die Sonne – oder die Bahn eines Mondes oder Satelliten um einen Planeten. Die Schwerkraft hält Objekte auf ihrer Umlaufbahn.

VERBINDUNG
Ein chemischer Stoff aus mindestens zwei Elementen. Wasser ist beispielsweise eine Verbindung aus den Elementen Wasserstoff und Sauerstoff.

VERDUNSTUNG
Vorgang, bei dem eine Flüssigkeit in ein Gas verwandelt wird.

VOLUMEN
Ein Maß dafür, wie viel Raum ein Stoff oder ein Gegenstand einnimmt. Das Volumen wird normalerweise in Millilitern, Litern oder Kubikmetern gemessen.

STRAHLUNG
Die Abgabe von Wärme durch einen heißen Gegenstand. Mit „Strahlung" ist auch oft „elektromagnetische Strahlung" gemeint. Dazu zählen z. B. Infrarotlicht, ultraviolettes Licht, Radiowellen und Röntgenstrahlen.

WASSERSTOFFION
Ein Wasserstoffatom, das ein Elektron abgegeben oder ein zusätzliches Elektron gebunden hat. Je mehr Wasserstoffionen in einer Lösung enthalten sind, desto niedriger ist ihr pH-Wert. Säuren geben Wasserstoffionen an das Wasser ab, Basen können Wasserstoffionen binden.

WELLENLÄNGE
Der Abstand zwischen zwei Wellenbergen einer Welle. In einer Schallwelle ist die Wellenlänge der Abstand von einem Punkt mit höchstem Luftdruck zum nächsten.

ZUGKRAFT
Eine physikalische Kraft, die an einem Körper zieht.

ZYLINDER
Ein Körper mit kreisförmiger Grundfläche. Eine Pappröhre ist ein Zylinder.

REGISTER

DANK UND BILDNACHWEIS

Dorling Kindersley dankt folgenden Personen für ihre Unterstützung bei der Entstehung dieses Buchs:
Sam Atkinson und Pauline Savage für Lektoratsassistenz, Smiljka Surla für Design-Unterstützung, Steve Crozier und Adam Brackenbury für die Bildretusche sowie Pankaj Sharma, Ashok Kumar, Nityanand Kumar und Jagtar Singh für Reproarbeiten. Der Verlag dankt ebenso Sean T. Ross für die Erprobung von Experimenten, Clarisse Hassan für zusätzliche Illustrationen, Helen Peters für das Register, und den Handmodels Emmie-Mae Avery, Amelia Collins, Lex Hebblethwaite, Mollie Penfold, Melissa Sinclair, Kelly Wray und Abi Wright.

Der Verlag dankt folgenden Personen und Organisationen für die freundliche Genehmigung zum Abdruck von Fotos:
(Abkürzungen: o=oben, u=unten, m=Mitte, g=ganz, l=links, r=rechts).

4 **123RF.com:** ppbig (ul). 14 **123RF.com:** ppbig (mo, mu). 17 **Dreamstime.com:** Masezdromaderi (or). **Getty Images:** Stringer / Bill Pugliano / Getty Images News (mr). 21 **123RF.com:** ppbig (om, ul). 23 **Getty Images:** Jeff Rotman / The Image Bank (ul). **123RF.com:** ppbig (ol). 27 **123RF.com:** ppbig (ur). 29 **iStockphoto.com:** BlackJack3D (mru). 37 **Dreamstime.com:** Toldiu74 (ul). 41 **Alamy Stock Photo:** Michele and Tom Grimm (mru). 49 **Dreamstime.com:** Andrey Shupilo (ur). 59 **Dreamstime.com:** Vladislav Kochelaevskiy (ur). 65 **iStockphoto.com:** oversnap (ul). 69 **Depositphotos Inc:** alexlmx (ur). **123RF.com:** ppbig (m). 72 **123RF.com:** ppbig (m, om). 77 **Dorling Kindersley:** Stephen Oliver (mru). 81 **Dreamstime.com:** Andrey Armyagov (ul). 93 **Dreamstime.com:** Jarrun Klinmontha (mru). 97 **Dorling Kindersley:** Natural History Museum, London / Harry Taylor (mu). **Dreamstime.com:** Horseman 82 (mlu). **Science Photo Library:** Steve Lowry (mru). 103 **123RF.com:** ppbig (or). 105 **123RF.com:** Songquan Deng (mru). **Dreamstime.com:** Ian Klein (mlu). 111 **Science Photo Library:** Laguna Design (ul). 117 **Dreamstime.com:** Hayati Kayhan (ur). 121 **123RF.com:** ppbig (m). 123 **The Reinforced Earth Company:** (ur). **123RF.com:** ppbig (mr). 131 **Dreamstime.com:** STRINGERimages (mro). 137 **NASA:** **ESA / Hubble & NASA** (ul). 140 **123RF.com:** ppbig (um). 141 **Getty Images:** Inti St Clair / Blend Images (ul). 145 **Dreamstime.com:** Elitsa Lambova (ur). 149 **Rex by Shutterstock:** AP (um). 157 **Dreamstime.com:** Mrchan (ur). **123RF.com:** ppbig (m, mr).

Weitere Informationen unter: www.dkimages.com